Markku Toikka

ELÄMÄNI STAND UPIN PALVELUKSESSA

©2018 Toikka Markku
Kustantaja: BoD - Books on Demand,
Helsinki, Suomi
Valmistaja: BoD - Books on Demand,
Norderstedt, Saksa
ISBN 978-952-80-0268-0

Kansi: Raili Löyttyniemi

Railille, Tuulille ja Toivolle

SISÄLTÖ:

Prologi...8
Stand up ja minä...10
Jusse...11
Miksi...13
Se mikä naurattaa, se naurattaa...21
Pimeää ainetta...25
Stand upin alkujuuret...27
Ajatus, sisältö ja viihteellisyys, stand upin kolme kivijalkaa...29
"Sienimetsässä"...35
Stand upin emansipoiva luonne...36
Keskustelua ihmisapinoiden kanssa...38
Kielestä...44
Tuoretta sen olla pitää...48
Nokia -sukupolven narsistinen vallankumous...51
"Mikä on elämän tarkoitus?"...54
Stand upin opettamisesta...55
Alan taloudellinen ja tuotannollinen järjestäytyminen ja alkuperäinen kasaantuminen Suomessa...59
TUMPS! –ooppera...62
Se on kaikki ihmisten välistä...69
"Kasvatusvinkki"...71
Läsnäolo ja tekniikka - vastakohtiako?...72
Stand upin televisioon siirtämisen ongelmat...76

"Säästämisen onni"...79
Kun kaikki menee nappiin...80
Ihmisellä pitää olla harrastus...85
Kirjoittamisen ja lukemisen kulttuurista puhumisen ja katselemisen kulttuuriin...89
Stand up -numeroni...91
Stand up -kulttuurin vaikutus teatterissa...119
Ilari Johanssonin haastattelu 11.11.2014...124
Lopuksi...132
Jäljittelemätön Jusse...134

PROLOGI

*Joskus sattuu semmoisia päiviä,
että kulkee ihan varjojen maassa.*

Mikään ei onnistu.

*Aamulla, kun repii peittoa patterin ja sängyn välistä,
venäyttää selkänsä.*

*Sitä avaa maitopurkin väärältä puolelta,
ei saa sitä auki, vaihtaa toiselle puolelle,
mutta avaa siinä samalla toisenkin puolen,
jolloin koko pakkaus muuttuu mahdottomaksi käsitellä
ja puoli litraa maitoa on pöydällä.*

*Kissalla on matoja, kultakaloilla on ripuli
ja tyttärellä matkakortti kateissa.*

Hammasta vihloo.

Laskut on maksamatta.

Mutta sitten valo pilkahtaa.

Kaikki onkin hyvin.

*Televisiossa kerrotaan,
että mustat Levikset on tulossa taas muotiin.*

*Niitähän mulla on Uffiin menossa
kokonainen jätesäkillinen.*

Tässä säästyy nyt pitkä penni.

*Taas huomataan,
että mitään ei kannata heittää pois.*

Rikkinäiset sukat kannattaa korjata.

*Hajonneen ruohonleikkurin moottoria
voi käyttää Carting –autossa.*

Koulukirjoista voi tarkastaa Knut Possen syntymäajan.

Leikatuista varpaankynsistä voi rakentaa himmelin.

Ja tänään on aikaa tsättäillä.

Viettää aikaa Facebookissa.

Tai kirjoittaa kirja.

STAND UP JA MINÄ

Tämä kirja kertoo riippuvuussuhteestani stand upiin. Se on väkevä suhde. Se on viha – rakkaussuhde, josta ajoittain puuttuu se rakkaus.

Stand upiin voi jäädä kiinni jo kertakokeilulla.

Stand up ei alistu metodeille. Se on lintu, jota ei saa kiinni.

Stand upin suhteen on useammin väärässä kuin oikeassa.

Stand upin kanssa tulee hulluksi.

Stand upin kanssa ei kannata mennä naimisiin, koska se ei rakasta sinua ja kun olet loppuun asti käytetty, sinut viskataan pihalle.

Mutta ne hetket, kun yleisö antaa varauksettoman rakkautensa ja hetken tuntee olevansa irti ja vapaa, ovat korvaamattomia.

Jos päättää omistaa elämänsä näyttämötaiteelle ja haluaa olla ehdoton ja jos vihaa näyttelijäpiirien tekopyhää nuoleskelukulttuuria ja sisäänpäin lämpiäväisyyttä ja sitä, että teatterissa useimmiten kuvataan teatterielämää, eikä oikeata sellaista ja jos on hullu, niin kannattaa kokeilla stand upia.

Voi jopa kuvitella, että siinä asuu näyttämön totuus.

JUSSE

Jusse on uusin yksityisoppilaani ja ainoa. Jusse on Forssasta ja täynnä intoa ja hyvää positiivista energiaa. Jusse oli saanut laulunopettajaltani (meillä on sama laulunopettaja) puhelinnumeroni ja halusi yksityistunteja aluksi ylipäätään näyttelemisessä ja myöhemmin tarkentuen stand upissa. Vastasin myöntävästi ja ensitapaamisella jo huomasin, että Jussessa on ainesta; aitoutta ja intoa.

"No niin, lähdetääs vääntään!"

Kukahan tämä mies, noin 35 –vuotias forssalainen, oikein on? Osaa laulaa. Soittaa omia sävellyksiä pianollani. Kuuntelee tarkkaavaisesti. On fyysisesti hyvässä kunnossa. Hyvä ääni. Kirjoittaa runoja omaan tyyliinsä. Leikittelee kielellä kuin Kirsi Kunnas tai Juice ikään.

"Okei, tästä voi tulla hauskaa."

Jusse on rajatiedon harrastaja ja tietää myös psyykelääkkeiden nimiä.

Tästä voi myös tulla helvetti.

"Sä sanoit Jusse, että sä olet harrastanut näyttelemistä. Mitä sä olet tehnyt?"

"Mä esitän runoja. Ne on mun ite kirjoittamia."

"Missä?"

"Kaikenlaisissa pikku tilaisuuksissa. Yleensä mummoille. Ne tykkää musta. Mutta myös Forssan torilla."

"Forssan torilla? Ihan tosta noin vaan?"

"Joo. Kyllä siihen aina muutama ihminen pysähtyy."

Jusse olisi täydellistä materiaalia tositeeveeohjelmaan.

MIKSI?

Olin aika lailla eksyksissä oman urani suhteen 1990-luvun alussa. Olimme tehneet Lapinlahden Lintujen kanssa kaksi viihdeohjemaa teeveen ykköskanavalle. Levyt myivät kultaa ja suosio oli sankkaa keikoilla ympäri Suomea. Olin mennyt naimisiin ja halusin perustaa perheen. Tajusin, ettei perheenisäksi oikein voi ryhtyä jos on 200 päivää vuodessa keikoilla. Lisäksi Lintujen vapaa-ajanvietto oli aika rajua kaljoittelua. Oli tehtävä valinta, joko perhe tai Lapinlahden Linnut. Valitsin perheen.

Tämä tietysti on oma versioni aiheesta. Toinen versio on se, että minut piti erottaa koska en ollut tarpeeksi puhdas "lintu" vaan näyttelijä. Meistä näyttelijöistä ei kuulemma ollut kuin harmia aidossa bänditouhussa.

Lisäksi bändielämään liittyi paljon muutakin ikävää, kiusaamista ja joidenkin jäsenten jatkuvaa erimielisyyttä ja kateutta. Mutta se oli äijäporukka ilman mitään ulkoapäin säädettyä hierarkiaa ja nokittelu taitaa kuulua asiaan. Peli oli raakaa mutta rehellistä. Paitsi menestyksen myötä se taisi muuttua vain raa'aksi. Ihmeellistä miten raha ja maine muuttavat ihmissuhteita.

Källit ja keppostelu saivat ikävän tosikkomaisen luonteen.
En ole eroani Linnuista koskaan katunut, näin avioeron jäl-

keenkään. Kaksi jo aikuista lastani ovat elämäni paras asia.

Lähdin siis Linnuista juuri suurimman suosion hetkellä, Story of my life.

Meillä oli ollut mahtava meno ja meininki Linnuissa. Se oli hauskaa aikaa ja luovaa. Me kirjoitimme kaiken yhdessä. Semmoista yhteisöllisyyttä en ole sen jälkeen tavannut. Jos keksi hyvän idean, se piti vielä saada läpi porukoille. Usein idea oli huono ja se sietikin tulla haudatuksi. Joskus se meni läpi vaikka olikin huono ja joskus se oli nerokas, muttei saanut siipiä alleen. Joskus sitten natsasi.

Palaverit olivat käsittämättömän luovia, energisiä ja intensiivisiä. Me oltiin kavereita ja samalla tavalla hulluja. Se oli oikeastaan rakkausavioliitto. Minä vain törkeästi lähdin lätkimään. Se oli ikävä temppu. Rakkauden tilalle taisi astua viha. Me oltiin U-M:n kanssa Lintujen John ja Yoko.

Olin yksin taiteellisessa mielessä. Se oli musertavaa kaiken sen hybriksen jälkeen. Pahinta oli, että kaikella luovuudellani ei enää ollut kanavaa. Aloin tehdä tavallisia näyttelijän töitä teatterissa ja televisiosarjoissa. Välillä taisin onnistuakin. Onnistuminenhan on sitä, että joku jaksaa vieläkin huutaa Kurvin bussipysäkillä, että: "Kato, mitä Nuutinen!"

Kuitenkin tuntui kuitenkin koko ajan siltä, että oli pakko päästä takaisin estradeille. Stand up antoi siihen mahdollisuuden. Ennen kaikkea siinä olisi mahdollisuus tuottaa sellaista sisältöä, joka tuntuisi suodattamattomalta ja ronskilta Lapinlahden Lintujen tapaan.

En tiedä kuinka paljon public image:ni oli kärsinyt siitä, kun olin lähtenyt Linnuista, mutta aluksi ainakin tuntui, kuin löisin päätäni seinään uuden urani kanssa. Ehkä minulla oli myös liian suuria kuvitelmia itsestäni. Luulin pärjääväni yksin. Mutta kuka tässä elämässä oikeasti yksin mitään saa aikaan? Kaikki taide on lopulta ihmisten välistä toimintaa.

Pahinta kaikessa oli, että oikeastaan en ole koskaan halunnut olla koomikko. Tuntuu falskilta ja typerältä seistä yleisön edessä ja yrittää olla hauska. En ole koskaan halunnut olla hauska. Mutta aina olen halunnut olla tosi ja aito. Jos vain osaisin olla tarpeeksi aito ja tosi, saattaisin myös ehkä olla hauskakin.

JUSSE

"Okei Jusse, sulla on oikein hauskoja runoja ja hassuja sananväännöksiä mutta sun tapas esiintyä on hassutteleva. Tässä on nyt se ongelma, ettei hassuttelu riitä stand upissa. Stand up on myös ihmisnäyttely. Yleisö haluaa että sä olet aito ja tosi. Sitten on vielä tää juttu, että pitää olla rakenne. Rakenne stand upissa on yksinkertainen. Pitää olla alustus eli setup ja sitten pitää olla käsittelyosa, joka on vapaamuotoinen, ja sitten pitää olla punch line, suomeksi iskulause. Mutta suomeksi sanottuna se kuulostaa mielenosoitukselta tai politiikalta ja siksi voisi käyttää vain sanaa: punch.

Setuppi on suhteellisen helppo keksiä, ja käsittelyosa voi olla mitä tahansa hölsää. Mutta punchin pitää olla hyvä tai oikeastaan nerokas, koska siinä on koko jutun hauskuus ja kärki. Sen pitää kertaheitolla yllättää, muuttaa näkökulmaa tai lipsauttaa totuus. Sen keksimisessä menee aikaa ja sen pitää lunastaa kaikki mitä aikaisemmin on puhuttu.

Mutta ennen kaikkea lavalla pitää olla Jusse. Tai siis oikeammin oikeasta Jussesta pitää löytää rakennuspalikat lavapersoonalle. Ton manne-aiheen, jota sä ehdotit, lisäksi vois yrittää löytää jotain henkilökohtaisempaa. Sanoit sä, että sä olit oikeasti ollut pari kuukautta halaamassa äiti Ammaa?"

"Juu."

"No siinä on aihe. Monet koomikot kommentoivat äiti Ammaa vähän dissaavaan sävyyn, vaikkeivät ollenkaan tiedä mistä puhuvat. Mutta sä olet jumalauta ollut siellä halaamassa. Tosta me lähdetään. Nyt tarvitaan vaan setuppi. Mikä se vois olla? Tää herkkyys, josta sä puhuit ja joka sulle on taakkana ja ilona, koska herkkyys varmaan on jokaisen esiintyjän tärkein ominaisuus, se voisi jotenkin olla siinä setupissa, tää kiinnostus rajatietoon ja ihmisen salattuihin henkisiin kykyihin. Aloitetaan siitä. Herkkyys-setuppi vois olla vaikka:

Mä olen hyvin herkkä ihminen.

Mä olen tosi herkkä.

Mä voin olla myös mielisairas,
mutta mä haluan kuitenkin
uskotella itselleni,
että mä olen vaan herkkä.

Kun mä tunnen olevani yhteydessä
toisiin ihmisiin henkisellä tasolla.

Ikään kuin sielut keskustelis
toistensa kanssa telepaattisesti.

Mä ajattelin että mä voisin
syventää tätä tietoisuutta
ja matkustin Intiaan pariksi
kuukaudeksi äiti Amman luo."

"Joo, tosta mä tykkään."

"Joo, tää on hyvä ja tässä sä olet itse keskiössä eli fokuksessa. Tää on tärkeää. Ihmiset janoaa aitoutta ja totuutta. Tää herkkyys ja rajatieto on herkullinen aihe. Ja se on niin sua itteäs.

Mä en tiedä onko telepatiaa olemassa, mutta kaikilla on yhteinen kokemus siitä, että just kun ajattelee jotain kaveriaan, niin se soittaakin sulle. Tai saattaa soittaa sekunnilleen samaan aikaan jollekin, kun se on soittamassa sulle. Mutta tämmösiin asioihin pitää suhtautua rennosti. Ei ihmiset maailmasta tiedä kun hitusen. Vielä on monta miljoonaa vuotta aikaa oppia.

Mä kyllä vähän pelkäsin, että sä olet joku sekopää rajatieteilijä, joka vaan hakee oikeutusta omalle surkeudelleen yliluonnollisista asioista. Mutta kun mä olen oppinut tuntemaan sua, niin sä suhtaudut tähän herkkyytees täyspäisesti ja rennosti. Se on tärkeää, koska tään Amma –jutun täytyy olla aito ja tosi ja siinä pitää uskaltaa nähdä myös sen humoristinen puoli"

"Siellä me syötiin risti-istunnassa riisiä ja etittiin mun karmaa"

"Toi on hyvä! Tossa sä saat käyttää tota runoilijan ominaisuuttas, kun sä laitat tohon ton alkusoinnun. Se vois olla vaikka näin parempi:

Siellä me syötiin riisiä
risti-istunnassa ja etittiin
mun karmaa."

"Joo, ja välillä käytiin halaamassa äiti Ammaa."

"Just:

*Ja välillä käytiin halaamassa
äiti Ammaa.*

Mitäs te sitten teitte siellä Intiassa?"
"Sitten me luettiin mantroja yksin ja yhdessä. Paitsi välillä mä kyllä vaan istuin meditoimassa rannalla ja katsoin merelle."
"Otit siis aurinkoa?"
"No joo."
"No, sitten:

> *Sitten me luettiin mantroja*
> *yksin ja yhdessä.*
>
> *Elettiin askeesissa*
> *ja harrastettiin ankaraa*
> *mietiskelyä.*
>
> *Paitsi välillä mä kyllä vaan*
> *istuin meditoimassa rannalla*
> *ja katsoin merelle.*
>
> *Tai no joo…*
>
> *Otin siis aurinkoa."*

"Sitten ne viisaat miehet sano mulle, ettei mulla ole karmaa ollenkaan. Se tuntui vähän turhauttavalta, kun kaikilla muilla tuntui olevan karma ja se oli tosi likainen ja kaipas puhdistamista."

"Hyvä:

Sitten ne viisaat miehet
sano mulle, ettei mulla
ole karmaa ollenkaan.

Se tuntui vähän turhauttavalta,
kun kaikilla muilla
tuntui olevan karma
ja se oli tosi likainen
ja kaipas puhdistamista.

Mut mulla ei ollu
karmaa ollenkaan.

Mitäs sitten?"

"Mä kysyin viisailta miehiltä, että mistä se johtui, ettei mulla ole karmaa ollenkaan.

Ne sanoi, että se johtuu siitä, että mun sieluni on kotoisin "Magma" –nimiseltä tähdeltä.

Seuraavan kerran kun mä halasin äiti Ammaa, niin mä kysyin siltä, että missä mun Magmani oikein on."

"Toi on valmista kamaa. Nyt tarvitaan väliin joku punchi. Ehdotan:

Se sano, että mikä Magma,
onks se joku uus
urheilujuoma vai?"

SE MIKÄ NAURATTAA SE NAURATTAA

Olen haltioissani ja innoissani siitä, että olen päässyt seuraamaan niin läheltä tämän viihdetaiteen lajin rantautumista Suomeen.

Onpa joissain haastatteluissa esitetty, että se olisin minä, joka toin stand up –komedian Suomeen.

No, kukaan ei ole varmaankaan tuonut yhtään mitään, vaan asiaa on vain alettu harrastaa.

Mutta sanottakoon se nyt näin, että tämä laji on ollut suuri rakkauteni, ja sen pioneerina on ollut ollut hauskaa samoilla kulttuurin ja esittävän taiteen rajamaita, joilla vain harva suomalainen näyttelijä on uskaltanut liikkua.

Ruotsinkieliseen kulttuuriin on istunut paljon paremmin viihteellinen leikittely ja revyy –perinne kuin suomenkielisten sodanjälkeisten sukupolvien hieman tosikkomaiseen modernismiin. Onpa Lilla Teattern:ssa ollut stand up -komediailtojakin 70- ja 80-luvuilla, jolloin suomenkielinen estradiviihde eli keskellä jääkautta.

Ei siis ihme, että juuri Virus–teatterissa pidettiin ensimmäisiä oikeita stand up –klubeja 90-luvun alussa. Ja niissä oli puuhamiehinä ketkäpä muutkaan kuin Stan Saanila ja André Wikström.

Mutta kyllä suomalainen kulttuurikin alkoi olla tarpeeksi vaurasta ja sivistynyttä ja ehkä rahvaanomainen tosikkomaisuus oli menossa pois muodista ja ylipäänsä uusi sukupolvi oli kasvamassa. 90 -luvun alun lama jäi taakse. Alkoi Nokian nousu.

Hämeenlinnassa, vaikutti näyttämötaiteen nuori nero Riku Suokas (tämä ei ole vinoilua, rakas Riku, vaan mielestäni aivan oikea epiteetti teatterijohtajalle, jonka ideoimat teatteriesitykset Hämeenlinnassa ja Tampereella ovat olleet jättimäisiä yleisömenestyksiä.) Tämäkään ei ollut vinoilua, vaan ihan avointa nuoleskelua. No niin, siis...

Riku oli keikkaillut paljon viininmaistaja –pastissillaan ja järjesti Club Actone! –iltoja 90–luvun lopulla Verkatehtaan ja välillä teatterinkin tiloissa. Klubi-illoissa esitettiin perinteisiä sketsejä, imitaatiota, taikuutta ja jopa TV –ohjelma -parodioita videoklippeinä ja tietysti stand upia.

Minulla ja Rikulla tuntui olevan sukupolvieron ylittävä samanlainen huumorintaju ja ylipäätään kiinnostus estradiviihteeseen ja stand uppiin. Itse oli silloin vierailemassa Hämeenlinnan kaupunginteatterissa.

Olin haaveillut älykkäästä ja teatterin maneereista puretusta lavakomiikasta jo 90 –luvun alussa ja tehnyt ensimmäiset kömpelöt esiintymiseni. Riku alkoi itse harjoitella omaa numeroaan ja kouluttaa Hämeenlinnan kaupunginteatterin näyttelijöitä koomikoiksi. Ja epäonnistui surkeasti, ainakin Ilari Johanssonin kohdalla (vitsi).

Vierailijoina ensimmäisillä "sitä ja tätä" -klubeilla oli myöskin Andréi ja Stan, ja silloin näimme, että hommahan toimii suomeksikin, ja ajattelimme, että kyllä mekin kun nuokin.

Sitten Riku alkoi järkkäillä oikeita stand up –klubeja ja yhteisesti loimme säännöt, joiden puitteissa toimittiin ja jotka ovat edelleen voimassa.

1. **Stand up ei ole vitsien kertomista.**

2. **Esiintyjät esiintyvät omana itsenään. Kaikenlainen teatterimainen puvustus ja maskeeraus on kielletty.**

3. **Esittäjät esittävät vain omaa materiaaliaan. Ulkomaisten ja erityisesti kotimaisten kollegoiden lainaaminen on rikos ja siitä jää aina kiinni. Lainata saa vain jos kertoo lähteen.**

4. **Jokaisen esiintyjän numero kestää täsmälleen määrätyn ajan.**

5. **Jos esitykseen sisältyy laulua, jonglöörausta, taikuutta tms. estradiviihdettä, se saa olla ainoastaan väline jutun kerronnalle eikä se saa olla pääasiallinen seuraamisen kohde.**

Se mitä siis tapahtui, oli, että ei Riku tai Stan tai ylipäänsä kukaan tuonut mitään ulkomailta Suomeen, vaan me, jotka asian piirissä hääräsimme, vain laadimme rajat, joiden puitteissa toimitaan. Tämä siksi, ettemme hukkuisi imitaattoreiden, taikureiden, muusikoiden ja teatterimonologeja esittävien näyttelijöiden sankkaan joukkoon.

Ja ennen kaikkea, näitä sääntöjä noudatettaessa yleisön ja esittäjän välissä on mahdollisimman vähän mitään, mikä sotkee esittäjän läsnäolon vaatimusta ja yleisökontaktia. Ajatukset välittyvät puhtaina ja niiden on syytä olla tarpeeksi outoja, että ne ovat hauskoja.

Siitä stand upissa on kyse, ajattelusta.

Silloin kun viihde ylipäätään on hyvää, hauskaa ja koskettavaa, siinä on oltava ajatusta. Sen täytyy edes jollain tavalla olla emansipoivaa, vapauttavaa. Sen pitää kertoa jotakin, minkä aina olemme tienneet, mutta emme ole uskaltaneet sanoa ääneen.

Näin koomikko heläyttelee yleisönsä sielun herkimpiä kieliä ja helpottaa sääntöjen, agitoinnin, yhteiskunnan paineiden ja ylipäänsä raskaiden huolien alla vaeltavien ihmisten oloa.

Seksuaalisuuden säätelyyn liittyvät normit, lait, tavat ja yhteisön vaatimukset ovat yksi taakka, josta katsoja kaipaa vapautusta, emansipaatiota.

Jokainen koomikko tietää, että tällä alueella kun liikkuu, saa takuuvarmasti aikaan naurut. Mutta miten aihetta voi tarkastella omaperäisesti ja emansipoivasti?

Ehkä tärkeintä ei ole se, missä aihepiirissä liikkuu, vaan miten sen tekee.

PIMEÄÄ AINETTA

Mä en ole se miltä mä näytän.

Mä olen kotoisin vieraalta planeetalta.

Mä olen vaan ottanut ihmisen valeasun.

*Meidän sivilisaatio on niin kehittynyttä
ja blaa, blaa...te tiedätte loput.*

*Näin toiselta planeetalta tulleena
sitä tarkkailee teidän sivilisaationne
ongelmia hieman eri kantilta.*

*Ihan ensimmäiseksi mä haluaisin sanoa,
että jos paikalla on Esko Valtaoja,
niin kirjasi on kyllä luettu meidänkin planeetalla.*

Siinä moni veikkaus on osunut ihan oikeaan.

Pimeää ainetta on tosiaan olemassa.

Mulla on muuten pimeää ainetta mukanakin.

Tässä taskumatissa. (ottaa kulauksen).

Maku muistuttaa yllättävän paljon Koskenkorvaa.

Kaikki johtuu intergalaktisesta kieltolaista.

Paljon on puhuttu sen kumoamisestakin.

Monet arvaukset on tosiaan osuneet oikeaan.

Ydinenergialla voi matkustaa ympäriinsä maailmankaikkeudessa.

Yksi asia on vaan todella pielessä teidän planeettanne tulevaisuuden kannalta.

Valtaojan Toyota Camry kuluttaa enemmän kuin 20 litraa satasella.

(luonnos stand up -numeroon 1999)

STAND UPIN ALKUJUURET

Kun anglosaksisissa maissa puhutaan koomikosta, niin se tarkoittaa juuri stand up –koomikkoa. Melkein kaikki myöhemmin televisiossa ja elokuvissa esiintyneet koomikot on aloittaneet uransa lavalla. Näin ovat tehneet esimerkiksi Whoopy Goldberg, Woody Allen, Eddie Murphy tai Robin Williams. Lavalla oleminen kuuluu jokaisen amerikkalaisen näyttelijän perustaitoihin ja jokainen osaa jonkun hauskan jutun viihdyttävästi kertoa.

Voidaan ajatella, että kaikki lähtee narreista, näistä keskiajan entertainereista. Keskiajalla oli sellainen traditio kuin: "väärän kuninkaan päivä". Silloin valittiin joku päiväksi esittämään kuningasta. Herrat olivat hetken narreja ja narrit herroja. Väärä kuningas sai sitten laukoa totuuksia hovista ja sen päämiehestä.

Samaa pyhää tehtävää toteuttavat tänä päivänä koomikot. Sana on nykyisin aika vapaa. Keskiajalla edes yhden päivän ajan saivat kansalaiset purkaa ahdistustaan ja alamaisen paineitaan. Luultavasti helpotti hetkeksi.

Hovinarri sai jatkaa hommiaan myös muina päivinä. Hänen piti tehdä työnsä tarkasti. Ylilyönteihin ei ollut varaa tai löysi itsensä tyrmästä tai hirsipuusta.

Ennen elokuvaa suurta kansanhuvia olivat Vaudeville ja Burleski. Näitä esitettiin tarkoitukseen varatuissa "Music Hall:eissa". Esityksissä oli tanssia, pantomiimia, laulua, pieniä teatterikohtauksia ja vaikka mitä. Esimerkiksi Charles Chaplinin ura alkoi näissä "haaleissa". Hänen äitinsä oli laulaja ja hän itse pantomiimikko. Jotkut ovat sitä mieltä, että nykyaikainen stand up –komiikka sai alkunsa noissa haaleissa.

Numeroiden välillä oli nimittäin tapana vetää verhot kiinni, jotta lavasteita kyettiin vaihtamaan. Tätä tyhjää tilaa täyttämään astui mc eli "master of ceremonies". Edelleenkin tuota komealta kalskahtavaa nimeä käytetään klubeilla. Joskus mc saattoi esiintyä myös koomisesti ja kertoa vitsejä ja joskus välissä esiintyi omana numeronaan vain komiikalle vihkiytynyt hauskuuttaja.

Nykyistenkin stand up –klubien lavastus, jossa esiintyjän takana on punainen verho ja liikkumatila on hyvin kapea imitoiden haalin rampin ja esiripun välistä tilaa, juontuu noilta ajoilta.

Jotkut ovat sitä mieltä, että juutalaisessa kulttuurissa perinne, jossa hääjuhlissa joku ottaa narrin roolin ja alkaa pilke silmäkulmassa lausua totuuksia morsiamen ja sulhasen suvuista lieventääkseen tilanteen jännitteitä, olisi myös stand upin alkujuuria.

AJATUS, SISÄLTÖ JA VIIHTEELLISYYS, STAND UPIN KOLME KIVIJALKAA

Olimme siis luoneet säännöt, joiden puitteissa teimme omasta mielestämme puhdasoppista stand uppia. Yleisö vain ei tiennyt näistä säännöistä mitään. Stand up -sanaa oli vuosien saatossa käytetty löyhästi merkitsemään melkein kaikkea yksin tapahtuvaa lavaesiintymistä.

Rikulla ei ollut niin väliä kuinka puhdasoppinen joku esitys oli, kunhan vain yleisö nauroi.

Minä taas kuuluin kireäpipoihin, joiden mielestä Krisse oli ehkä sittenkin enemmän teatterihahmo, vanha kunnon "tyhmä blondi".

Toisaalta haaveilin itsekin terävöittäväni omaa hahmoani, joka oli suurin piirtein tyyppiä "keski-ikäinen stressaantunut kalju perheenisä", mies, jolla olisi koko insinöörien älyn ja nerokkuuden luoma maailma käytettävissään, jos vain oppisi joskus käyttämään näitä elämää helpottavia laitteita.

Kieltämättä koin 90-luvulla uhkaavana tietokoneistuvan Nokia -insinöörien maailman. Sen arvot tuntuivat olevan juuri niitä, joita vihasin. Kun ihminen kykenee ymmärtämään, kun sanoo jonkin asian sinnepäin, niin tietokoneelle on kirjoitettava esimerkiksi sähköpostiosoite täsmälleen oikein. Minä pidän enemmän slaavilaisesta suuripiirteisyydestä kuin saksalaisesta täsmällisyydestä. Tai tarkemmin sanottuna pidän kyllä siitä, että ilmaisuni on tarkkaa ja täsmällistä, mutta minun ja yleisöni vuorovaikutus saa olla suuripiirteistä ja tunteikasta.

No, Krisse räjäytti potin, ja on kieltämättä upea ja hauska esiintyjä, jonka jutuissa on esittäjän näennäisen tyhmyyden takana paljon ajatusta ja emansipaatiota.

Mutta mitä me muut haemme? Miksei anneta mennä täysillä? "Putous" –ohjelmassa syntyy mainioita hahmoja. Miksemme tee sellaisia? Miksi vihaamme höpsöä hulluttelua ja teatterimaisuutta?

Krissessä naurattaa hahmon sisäinen ristiriita. Hän yrittää järjestellä asioita järkevästi mutta seksuaalisuus ja tunteet tuntuvat pilaavan kaiken. Tämä on kuitenkin kehittyneempi versio Speden sketsistä "naisen logiikka", koska Krisse tajuaa olevansa väärässä paikassa miesten maailmassa, mutta ei nolostu siitä, että tuntee naisen tavoin.

Tämä on itse asiassa emansipoitumista naisasialiikkeestä, joka usein yrittää valloittaa miesten maailman miesten aseilla, eikä perustamaan omaa blondiinien taivasta, jossa muuten kaikki on vaaleanpunaista. Mitä emansipoitumista se on, että johtokunnassa istuu pari kiintiönaista, jotka yrittävät ajatella ja tuntea kuin miehet.

Krissen esityksen sisältö on siis nuorten naisten muuttuva asema yhteiskunnassa ja hän on aivan erityisasemassa käsittelemään tätä aihepiiriä tietenkin, kun kerran on nainen ja nuori. Krisse on myös hyvin haluttava viehkeä kaunotar. Hän on makea ja nätti karkki, jonka sisällä yllättäen on aika kirpeää nestettä.

Tämä on Kristiina Salmisen "Krisse"- hahmon numeron sisältö. Se on emansipoitumista tyhmistä miehistä ja uskallusta heittäytyä naiselliseen narsismiin ja leikitellä ylipäätään naiseuden eri ulottuvuuksilla. Voidaan myös sanoa, että Krisse kieltäytyy aikuistumasta. Krisse ei ole uhri vaan toimija ja siinä erottuu klassisesta blondi –hahmosta.

Mikä parasta, Krissen esityksen sisältö on viehkeä ja ymmärrettävä kaikille. Se edustaa sitä parasta laajan kansanosan viihdettä ja ei pidä ihmetellä sen saamaa suosiota. Voidaan sanoa, että esitys on hyvin viihteellinen.

Krissen esityksessä on siis sisältöä, ajatusta ja viihteellisyyttä. Mutta kieltämättä näitä kolmea asiaa ei ole aivan tasamääriä. Viihteellisyys on pääosassa.

Emansipoituneen mamun, Ali Jahangirin numerossa on sisältöä paljon enemmän ja myös ehkä ajatuksia, mutta se on myös viihteellinen. Onko viihteellisyys kaiken kattava sateenvarjo, jonka alla voi vain hetkittäin käsitellä vaarallisemmin asioita? Riittääkö uskallus haastaa yleisö rohkeammin ajattelemaan?

Taistelu laajan yleisön suosiosta on vaativaa monessa suhteessa. Varsinkin, jos on oikeasti kyse esiintyjän elinkeinosta. Sisällöstä on pakko tinkiä keskinkertaiseen suuntaan. Esityksen sisältö ei voi olla liian marginaalista. Suuri yleisö vaatii sitä. Mutta kun yleisö on oikeassa, onko se oikeassa?

Esittävä taide on aina viihdyttävää. Teatteria ei ole olemassa ilman yleisöä. Teatteri tulee mainiosti toimeen ilman varta vasten rakennettua näyttämöä, mutta ilman katsomoa se lakkaa olemasta.

Yleisö voi olla suuri tai pieni, pienimmillään vain yksi henkilö.

Teatteritalot jakaantuvat perinteisesti erikokoisiin näyttämöihin ja ohjelmisto suunnitellaan sen mukaan laajalle yleisölle suunnatuksi tai vain pienemmälle, asialleen vihkiytyneelle teatteriharrastajien joukoille. Jokin kokeellinen esitys saattaa kiinnostaa vain hyvin pientä joukkoa ihmisistä.

Mutta olkoon se kuinka haastavan repivä sisällöltään ja muodoltaan ja vaikka se on kieltätyvinään viihdyttämisen taakasta, niin silti sen pitää olla viihdyttävää tuolle pienelle joukolle ihmisiä.

Tässä mielessä teatteriesitys ja stand up sen alalajina on aina viihdettä. Yleisö tulee ensisijaisesti viihtymään, jopa joskus lähes perverssillä tavalla, vaikka kokemus olisi brutaali ja makaaberi. Yleisö, pienikin, on siis aina oikeassa. Valikoituneen yleisön edessä esiintyjän ei aina tarvitse olla hassunhauska, vaan voi olla myös hullunhauska.

Oma mielenlaatuni on sellainen, että rakastan äärirajoille vietyä absurdismia ja surrealismia. Paljastan kuuntelevani mielelläni klassista nykymusiikkia. Olisin ilman muuta kokeellisessa teatterissa vakikatsojana, jos sellainen olisi olemassa.

Tietyt klubikokeilut ovat hakeneet innoitusta tästä suunnasta. Toivoisin, että joskus saisin vetää klubia, jossa saisimme kokeilla vähän rajumpia juttuja ja jossa vallitsisi jopa tietty taiteen vapauden ilmapiiri. Voisiko yleisö olla jo niin kehittynyttä, että he suostuisivat tällaiseen leikkiin? Kadottaisiko stand up tässä ympäristössä aitouden? Kävisikö sille samoin kuin jatsille UMO –orkesterissa?

Sanon tämän kaikella kunnioituksella UMO:n upeaa musisointia kohtaan. Puhun vain ilmiön olemuksen muuttumisesta kun se institutionalisoituu. Ainakin bepopin juuret ovat 40 ja 50 –luvun aseistakieltäytyjien ja huumeiden käyttäjien alakulttuurissa. Eliitin Pori –jazz on edennyt kauas tästä lähtökohdasta.

Haluaisin enemmän sisältöä suomalaiseen stand up –kulttuuriin. Ehkä yksityisen menestyvän klubin omistajana minulla olisi siihen mahdollisuus. Haluaisin klubin, johon myös asiaan vihkiytymättömät saisivat kokemuksen yleisellä teatterillisella tasolla. Toivoisin, että hauskuus ei olisi vain stand up –hauskuutta vaan hauskuutta yleisemmin. Että se todella pystyisi kuvaamaan elämää jollakin sellaisella erikoisella ja syvällisellä tavalla, mikä ei muissa esittävän taiteen muodoissa ole mahdollista.

Saattaa myös olla, että tänä päivänä sankoin joukoin stand up –festareita kansoittava yleisö kuuluu sellaiseen sukupolveen, joka erityisesti haluaa emansipoitua sisällön tuottamisen kahleista.

Se ehkä vihaa suurten ikäpolvien tosikkomaisuutta ja politikointia ja haluaa hyvää oloa ja chillailua. Kieltämättä tässä pyrkimyksessä on jotain kaunista. Väittäisin, että se on nykypäivän tolstoilaisuutta, joka 1800 –luvun lopulla ja 1900 –luvun alussa oli monen suomalaisen sivistyneistön edustajan kannattama filosofinen suuntaus. Sen perusajatus on ymmärtääkseni pyrkimys elää harmoniassa itsensä ja ympäristönsä kanssa. Modernistit halusivat muuttaa ympäristön aatteittensa mukaiseksi. Tolstoilaiset halusivat sopeutua harmonisesti olemassa olevaan ympäristöön.

Stand up –komedian sisältö kumpuaa esiintyjän henkilökohtaisesta emansipaatiosta ja saa tukea yleisön samansuuntaisista emansipaatiohaluista. Sisältö on siis stand upin ensimmäinen kivijalka.

Kirkas ja hullu ajatus saa asiat näyttämään naurettavilta. Ajatus on se väline, jolla yleisö pidetään hyppysissä ja jonka avulla koomikko vie mukanaan oman sielunsa rakenteisiin. Ajatus on stand upin toinen kivijalka.

Ilman yleisön viihtymistä ei olisi olemassa vuorovaikutusta esiintyjän ja vaikka pienen ja marginaalisenkin yleisön välillä. Ilman vuorovaikutusta stand up –esitys lakkaa olemasta. Viihteellisyys on stand upin kolmas kivijalka.

SIENIMETSÄSSÄ

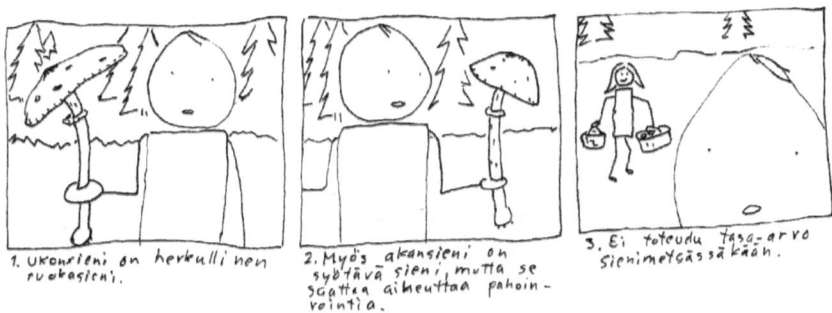

Sunny Side of the Mind
"Sienimetsässä"

(Luonnos matkapuhelimiin tarkoitettuun sketsisarjaan, apuraha-
anomus AVEK 2010)

STAND UPIN EMANSIPOIVA LUONNE

Teatterikoulussa minulle sanottiin, että ajattelen liikaa. Älykkö ei voi näytellä hyvin. Se ei antaudu tilanteelle. Se kyseenalaistaa liikaa.

Oikeassa olivat. Olen yrittänyt olla ajattelematta. Olen antautunut tilanteelle, sekoillut ja heittäytynyt ja ollut absurdi ja ennen kaikkea antanut hetken kuljettaa. Silti olen ajatellut, että miksei näyttelijäkin saisi ajatella. Siis vain siksi, että se on kivaa.

Kirjoittaminen on ajattelua. Stand up –numeroa ei välttämättä litteroida, mutta kirjoitettu sekin on vaikka vain esiintyjän päähän. Kun puhun, ajattelen. Emansipaationi numero yksi on siis, että saan ajatella.

Emansipaationi numero kaksi liittyy Suomeen ja suomalaisuuteen. Olen patriootti. Nostan ylpeänä maamme lipun ja huudan "hyvä Suomi!" aina kun siihen on aihetta. Pidän suomalaisia aitoina ja pätevinä ihmisinä monessa suhteessa. Tiedän, että suomalaiset pärjäävät hyvin myös maailmalla. Joskus ujous vaivaa, mutta se on myös herkkyyttä. Sitä paitsi kun juttuihin päästään ei keskustelu ihan heti lopu.

Jostain syystä viihteen saralla olen törmännyt ajatukseen, ettei suomalaisille voi esittää liian älykästä viihdettä. Minulle ja Rikulle sanottiin jopa, ettei Suomen kielellä voi esittää stand uppia. No, nuo väitteet on osoitettu vääriksi.

Toinen emansipaationi on osoittaa, että Suomessa voi tehdä taatusti yhtä älykästä viihdettä kuin Yhdysvalloissa tai Britanniassa tehdään, jopa älykkäämpää. Kunhan vaan tehdään. Se on oikeaa suomalaisuuden ja suomalaisen kulttuurin arvostamista.

Emansipaationi numero kolme on saada tehdä työtäni mahdollisimman lähellä yleisöä ilman mitään välikäsiä ja rakenteita. Sillä teatteri on olemassa vain yleisöä varten. Silloin teatteri on puhtaimmillaan. Toki Ison Koneen upeasti ohjatussa jutussa nauttii mukanaolosta, vaikkei se niin puhdasta olisikaan.

Emansipaationi numero neljä on vapautua perheen, aviovaimon ja insinöörien suunnittelemien koneiden kahleista. Tämä vapautuneen linnun lento päätyy totta kai heti esityksen jälkeen takaisin turvalliseen ja mukavaan häkkiinsä.

KESKUSTELUA IHMISAPINOIDEN KANSSA

*Aina välillä joku haluaa keskustella
ihmisapinoiden kanssa.*

Älykkäin ihmisapina osasi viittoa 500 eri merkkiä.

Sen hoitaja opetti sille.

*Siis ennen kuin se sitten kuoli
jossakin kauneusvoidetestissä.*

Siis se apina.

Se oli koe-eläin.

Se osoittautui allergiseksi.

*Ihmisapinoita käytetään testaamaan meidän
puolesta kaikenlaisia asioita.*

Esimerkiksi Yhdyvaltojen presidenttinä olemista.

Ne muistuttaa niin paljon ihmistä fysiikaltaan.

Ne on meidän lähimpiä sukulaisia eläinkunnassa.

Niiden kurkunpää ei sovellu puhumiseen,

mutta ne osaa viittoa.

Ne pystyy eleillä kertomaan mitä ne haluaa.

"Minä haluta mua rapsutella."

"Minä haluta syödä."

"Minä haluta naaras."

Ne on semmoisia eläimellisiä haluja.

Ihan erilaisia kuin ihmisellä.

"Mä haluan käydä oopperassa."

"Mä haluan lukea filosofiaa."

"Mä haluan oppia matematiikkaa."

Ihminen haluaa oppia matematiikkaa.

Silloin se voi laskea.

*Että jos onnistuu saamaan kaksi kertaa viikossa,
niin montako kertaa se tekee vuodessa.*

*Tai mun kohdalla, että jos saa
kerran kahdessa vuodessa.*

Niin montako kertaa se tekee elinaikana.
(luonnos stand up -numeroon 1996)

JUSSE

"Mä oon muuten opiskellutkin kirjoittamista", sanoi Jusse.
"Okei, missä?"
"Kriittisessä Korkeakoulussa. Mä opiskelin runoutta."

Meillä oli paljon hyviä opettajia.
Idströmin Annika ja
Kiiskisen Jyrki ja
pääopettaja, vanha patu Paavilainen.
Oli muuten aika boheemi mies.
Se pisti aina röökiksi luentosalissa (näyttää)

"Hyvä! Just noin! Muista toi ele! Sä aloit näytellä Paavilaista ja teit vielä ton eleen tupakan kanssa. Sä olet muuttunut Paavilaiseksi. Sä voit tehdä jopa äänikaraktääriä, jos se sulta luontevasti sujuu."

Ei kai täällä ole astmaatikkoja paikalla.
Se luki meille aina jonkun runon.
Sit se murahti, että:
"Kirjoittakaa samanlainen! Aikaa kaks minuuttia!"."

"Joo, hyvä! Mä en yhtään tiedä mitä runoja se luki, luultavasti jotain Tuomas Anhavaa, mutta nyt olis herkullinen paikka ottaa tähän joku runo. Tästä voi tehdä numeron. Runon pitää olla sellainen, että kaikki tietää, ettei me muututa liian taiteellisiksi. Taiteestahan tavallinen yleisö ei ymmärrä yhtään mitään, muka. Luotetaan tässä nyt intuitioon. Mulle tulee mieleen se "Raja railona aukeaa...". Uuno Kailas tais olla sen runoilija. Se on tämmöstä herooista kansaa sodan koettelemuksiin valmistavaa eetosta. Sopii hyvin rienattavaksi. Täältä löyty Googlesta - siis tää ikivanha ja kaluttu..."

"Raja railona aukeaa
edessä Aasia, Itä
takana länttä ja Eurooppaa
varjele, vartija sitä."

"Hyvä Jusse! Ja sitten se runo minkä sä kirjoitit kahdessa minuutissa. Sähän olet riimittelijä. Tän pitäis syntyä sulta tosta noin vaan."

Rajalla, pellolla aukea
edessä aaseja, mitä?
takana lantaa ja lemua
varjele!
Ne sikalasta kantaa sitä!

"Meidän mökin naapurissa on Anttilan iso sikala. Se isäntä muuten tykkää välillä laskea ne lietteet järveenkin. Siinä syö hyvin kala. Ihan sairaasti epämuodostuneita särkiä."
"Tää on Jusse hyvä, kun sä olet kielimiehiä ja riimittelijä.

Stand upissa on aika paljon kysymys kielestä ja puhumisesta. Sä olet runoilija ja sulla on paljon hienoja juttuja, mutta niitä ei voi sellaisenaan käyttää kuin pätkissä.

Me tehdään se niin, että sun lavapersoonasi on herkkä runoilija, joka saattaa tarpeen tullen vähän riimitelläkin, mutta aina jotenkin vinossa paikassa ja tarinaa eteenpäin vieden.

Sun runoiltasi on sitten asia erikseen. Voithan sä siellä käyttää juonnoissa sun materiaalias ja sitä tekniikkaa mitä sä täällä opit, mutta ne on sitten runoiltoja ja semmosia ei voi pitää stand up –klubeilla."

KIELESTÄ

Kieli on virtuaalitodellisuus. Nykyään luodaan tietokoneilla virtuaalitodellisuuksia, lentosimulaattoreita ja semmoisia ja onhan elokuvatkin tietyssä mielessä ei-todellisuutta. Mutta kieli on ylivertainen. Sen voima on siinä, että jokainen voi soveltaa siihen omia kokemuksiaan. Kieli on kuvia. Sana on kuva. Kun mä sanon sanan: "talo" niin kuulija ajattelee taloa. Se mielikuvittelee sen.

Aluksi se on vaan joku talo jossain ja jokaiselle kuulijalle omansa. Ehkä se on joku talo muistoissa. Se voi olla esimerkiksi vaikka lapsuuden koti.

Sitten mä sanon: "punainen talo". Heti kaikki kuulijat vaihtaa taloa tai sen väriä, mutta edelleen se on jokaiselle kuulijalle erilainen.

Mutta jos mä sanon:"eduskuntatalo", niin silloin jo kaikki ajattelevat samaa taloa, tosin ehkä eri kulmista nähtynä tai eri vuorokaudenaikoina. Luultavasti suurin osa näkee sen samanlaisena kuin puoli yhdeksän uutisissa.

Olen joskus kysynyt kurssilaisiltani, että millainen visuaalinen kuva niillä muodostuu sanasta "vuosi". Tulokset ovat hyvin mielenkiintoisia.

Usein vuosi on ympyrän kaari, jossa kesä on vihreä ja talvi

valkoinen.

Joillakin talvi on ylhäällä ja joillakin taas alhaalla. Aika sitten kiertää tuota kehää, mutta toisilla vasta- ja toisilla myötäpäivään.

Joillekin vuosi on jana, jossa vuodet seuraavat toisiaan loputtomiin. Joillakin vuosi kulkee janalla vasemmalle, joillakin oikealle ja joillakin itsestä poispäin, etäisyyteen.

Sitten seuraakin erikoisempia versioita aina pirstaloituneesta kaleidoskoopista pallon sisällä havainnoitaviin väri- ja lämpötilamuutoksiin.

Kielen virtuaalitodellisuuteen liittyy se ominaisuus, että se on joustava kuulijansa omalle todellisuudelle ja siinä mielessä abstraktimpi ja vapaampi kuin muilla tavoin luodut keinotodellisuudet välittämään kaikkea sitä tajuntaa ja todellisuutta mistä maailma koostuu.

Jos tarkkoja ollaan, elokuvan kuvia voidaan myös ajatella sanoina, jolloin sen keinotodellisuusaspekti pienenee verrattuna esimerkiksi tietokonepeleihin.

Voidaan ajatella, että kun valkokankaalla näkyy kuva kesäisellä kedolla kirmaavasta tyttösestä, se toimii makrotason sanoina "kesä" ja "lapsuus".

Ne tietysti herättävät katsojissa omia nuoruusmuistoja ainakin tunnetasolla ja tällöin voidaan puhua elokuvan kielestä, joka on ominaisuuksiltaan lähellä puhetta.

Teatteriesityksen, joka tapahtuu isoissa lavasteissa ja jossa on musiikkia, voidaan myös nähdä keskustelevan yleisönsä kanssa omalla teatterin kielellään.

Stand up –koomikolla on käytettävänään vain puhe ja kieli eikä makrotason sanastoa ollenkaan.

Stand up –koomikon tehtävä on tekniikkaa, läsnäoloa (eläytymistä) ja intuitiota (vaistonvaraista toimintaa) hyödyntämällä luoda kuva (illuusio) puhuvasta ihmisestä tai sitten oltava se.

Kun televisiosta tulee vanhoja revolverihaastattelupätkiä 60-luvulta vaikka Helsingin Kauppatorilta. Niissä pätkissä haastateltavat vastaavat huolitellulla kirjakielellä. Jopa laitapuolen kulkijat muotoilevat lauseita tyyliin: "Kyllä minä joskus kalaa syön, jos sitä sattuu jossain edullisesti olemaan tarjolla".

Koululaitos oli tehnyt tehtävänsä ja ehkä Suomessa myös vaikutti silloin vielä kaunis perinne, jossa kieli ei ole vain käyttöä varten, vaan sen pitää myös olla somaa.

Murteisiin oikeakielisyysihmiset iskivät säälimättä. Jos joku niitä puhui, niin ei ainakaan näyttämöllä tai virallisissa tilaisuuksissa.

Kieli on ajattelua. Kirjakieli on nimensä mukaan kirjoitettua kieltä. Se on kirjoittajan hiljaisessa huoneessa paperille panemia ajatuksia. Lukija lukee ne toisessa hiljaisessa huoneessa ja ajattelee.

Kirjakieltä ei kertaakaan tämän prosessin aikana puhuta ääneen. Kirjakieli ei ole puhuttua kieltä. Mutta näyttämökielen pitää sitä olla.

Moni kirjailija on helposti vaikeuksissa, jos hän joutuu kirjoittamaan dialogia. Tämä johtuu siitä, että hän on tottunut laittamaan paperille ajatuksia, ei puhetta. Dialogi on puhuttua kieltä. Stand up –koomikon esitys on dialogia yleisön kanssa. (Toikka,Vento: Ala Naurattaa!, LIKE 2000)

Puhuttu kieli on työkalu oikeassa elämässä. "Anna mulle tuplajuusto! Haista paska! Mikä sua vaivaa? Meetkö sä, vai menenkö mä ite? Sulla on nätit silmät. Kyllä on kylmä."

Puhuessaan ihmisellä on aina syy sanoa jotakin. Hän haluaa itselleen jotakin. Hän haluaa ilmoittaa jotakin. Hän haluaa manipuloida saadakseen tahtonsa perille. Hänellä on sanottavaa.
Kielen sisältö on ajassa ja paikassa kiinni.
Hyvä näytelmäkirjailija synnyttää illuusion puhekielestä, vaikka hän käyttääkin kieltä, joka ulkoisesti muistuttaa kirjakieltä. Se sisäinen ajatuksen poljento on kuitenkin aivan toinen kuin ajattelevan ihmisen toiselle ajattelevalle ihmiselle lähettämissä hieroglyfeissä. (Toikka, Vento: Ala naurattaa!, LIKE 2000")

Voidaan ajatella, että taksikuskikin saatta osata kirjoittaa parempaa dialogia kuin joku asiaan vihkiytymätön, muuten aivan mainio kirjailija.

Yleisö on saatava kuuntelemaan, ei lukemaan esitystä.
Yleisön saa kuuntelemaan, kun sen saa ajattelemaan.
Ajattelemaan yleisön saa, kun saa sen mielikuvittelemaan.
Kun sen saa mielikuvittelemaan, sen saa myös tuntemaan.
Ja kun sen saa tuntemaan, sen saa myös nauramaan.
(Toikka,Vento: Ala naurattaa!, LIKE 2000)

Tämän saman asian huomaa myös siitä, että juhlapuheet on Suomessa aika unettavia, kun ne on niin kirjallisia. Mutta esimerkiksi USA:n presidentti juttelee kansakunnan tilasta niin, että junttikin kiinnostuu, kun se tuntuu puhuvan just hänelle.

SANA ON ÄÄNI ELI
TUORETTA SEN OLLA PITÄÄ!

Otso tsiikailee puskista. Suolle on joku tuonut sianruhoja ja nyt se joku käkkii kammissa, jonka kyljestä sojottaa piippu. Erämaan yllä lepää ikuinen, ajaton rauha. Haukka kuikauttaa korkeudesta: "kiikkirii, kiikkirii". Kärpästen ja öttiäisten muu kunta surisee kesäpäivän leppoa.

Naamioitu luontovalokuvaajan koju näyttää elottomalta. Mutta ei se olekaan eloton. Piippu on kauko-objektiivi, joka vingahtelee vienosti tsuumaillessa. Sisällä kopissa luontovalokuvaaja tähtäilee kamerallaan, turhaan. Haaskalla ei ole kuin korppi. Hetkeen ei tapahdu mitään. Sitten haukka kuikauttaa taas. Kaksisiipiset etsivät suristen ja siristen onneaan, elantoaan.

Kammi kököttää suon laidassa. Kärpäset surisevat. Haukka kuikauttaa korkeuksista. Mitään ei tapahdu. Eikä senkään jälkeen.

Nyt rapisee voipaperi. Leipää massutetaan. Röyhtäilyä. Massutusmuminaa. Hyvän olon pikku huokailuja. Kierrekorkin kirahdus. Maitoa pulputetaan kurkusta alas. Taas rapisee voipaperi. Kammi kököttää. Äänet vain kuuluvat sisältä sieltä.

Tulitikku raapaisteen. Henkosia vedellään. Kammin joka raosta tunkee savua. Kaasunaamari otetaan kotelostaan. Kumirenksut läjähtelevät iholla. Kaasunaamarin alta vain henkosia vedellään. Kontio hämmästelee puskista.

Ilta hämärtyy. Kehrääjä hyristelee. Huuhkaja huhuilee. Hyttyset inisevät. Yölaulajat virittelevät kurkkujaan. Kammista näkyy television sininen valo. Hullunhauskaa viihdeohjelmaa katsellaan. Itsekseen hekotellaan. Ohjelma päättyy. Televisio sammutetaan. Haukotellaan. Tsuumaillaan taas hetki. Ketään ei haaskalla ole. Mitään ei tapahdu. Hyttyset inisevät. Läps! Huuhkaja huhuilee, kehrääjä hyristelee. Tulitikkuja raavitaan. Vettä lorotellaan. Pissaa lorotellaan tankkiin, ettei haju paljastaisi. Teetä ryystetään. Näkkileipää murskutetaan. Haukotellaan. Sujuttaudutaan makuupussiin. Valot sammuvat koijasta. Vedetään vetoketju kiinni. Mumistaan iltarukous. Nukahdetaan.

On yö. Yölaulajat pitävät konserttiaan. Hauki remeltää lähilammen kaislikossa. Siika käy pinnassa. Yöperhoset hurahtelevat aivan liki. Kammissa kuorsataan, välillä voihkitaan. Luontovalokuvaaja kärsii uniapneasta. Hengitys pysähtyy toviksi. Keuhkot kuitenkin repivät väkisin ilmaa ohi väsähtäneen kitapurjeen. Painajaista nähdään. Merjan nimea voihkitaan. Pyydetään aivan asiallisesti jättämään avain sinne. Voihkitaan. Sitten vaivutaan rauhalliseen uneen. Mitään ei tapahdu. Siikaparvi ruokailee. Majava läpsäyttää pyrstöään. Yölinnut jo vaikenevat.

Suolla on elokuu. Kurjet järjestelevät taivaalle rykmenttiään. Lappilainen nainen on hillassa. Nainen hyräilee. Jalka on kevyt. Marjoja on paljon. Kammin ovi raottuu. Luontovalokuvaajan käsi ilmestyy raosta. Sormi tekee kutsuvaa liikettä. Nainen hihittelee ja hykertelee. Ei tohdi. Lopulta kuitenkin tohtii ja astuu *kammiin. Ovi sulkeutuu.*

Sisällä veivataan grammari käyntiin. Erämaassa on pistetty pystyyn jytkyt. Nainen kikattelee. Mies vokottelee. Laseja kilistellään. Heteka kitisee. Sade lotisee. Ukko jyräyttää. Kosket pauhuvat. Hetkeen ei kitise heteka. Rajumyrsky on laantunut. Heteka alkaa kitistä uudestaan. Taas sade lotisee, kosket pauhuvat ja ukko jyräyttää. Sitten ei enää tapahdu mitään. Kammin ovi aukeaa. Lappilaisnainen astuu onnesta hehkuen ulos, nappaa korinsa ja häipyy hyräillen suolle muina gnuina.

On syksy. Maa on huurteessa, lammi jäässä. Erämaa on hiljainen. Mitään ei kuulu. Mitään ei tapahdu. Kammista kuuluu kimakka pieru. Luontovalokuvaaja on pidätellyt puoli vuotta. Enää ei pysty. Mies ryntää puskaan. Karhu ryntää perässä. Kuuluu raatelun ja luitten rutinan ääniä. Sitten on hiljaista. Mitään ei tapahdu.

Lumi peittää maan. Kammi on enää iso lumikinos. On pimeää. Äkkiä kammista alkaa kuulua hullunhauskan televion viihdeohjelman tunnari. Sininen valo häilähtelee kinoksesta. Kontiomme hekottelee hyville vitseille. Mitään muuta ei erämaassa tapahdu.

(Luonnos sketsiksi tuotantoyhtiö Säihkylle 2010)

NOKIA –SUKUPOLVEN NARSISTINEN VALLANKUMOUS

90–luvulla suomalainen kulttuuri muuttui merkittävästi. Sääntelytalous ja monet muut talouden prinsiipit olivat murroksessa. Yrittäjyyttä haluttiin tukea konkurssiaaltojen jälkeen. Suomi alkoi liittoutua tiukemmin länteen. Tietokoneet tulivat ja muuttuivat osaksi jokaisen arkea. Sähköposti korvasi kirjeet. Kännyköillä ja tekstiviesteillä kaikki olivat koko ajan tavoitettavissa. TV –kanavia tuli lisää. Paikallisradiot rikkoivat yleisradion tiedotusmonopolin. Kaupunkikulttuuri ravintoloineen, korttelitapahtumineen ja polkupyöräteineen alkoi elpyä. Rakentamiseen alettiin hakea uutta ilmettä Oululaisten arkkitehtien postmodernista suuntauksesta. Betonibrutalismin aika oli ohi. Eestiin saattoi taas purjehtia vaikka omalla veneellä. Nokia aloitti nousunsa. Monet rikastuivat ennennäkemättömästi. Viihdyttäjien työtä alettiin arvostaa aivan uudella tavalla. Suurimpiin kaupunkeihin rakennettiin yksityisiä viihdeareenoita, joissa esitettiin musiikkia, teatteria ja estradiviihdettä.

Näyttelijöiden työnkuva muuttui enemmän viihdyttäjän suuntaan. Uusi sukupolvi oli paljon vaativampi myös teatterin ja estradiviihteen kohdalla. Se ei tyytynyt olemaan opettavaisen teatterin kohteena. Se halusi nauttia esityksestä omin aivoin varustettuna. Kaikki menneeseen vasemmistolaiseen monokulttuuriin viittaava oli sille kauhistus. Kommarit saivat kenkää. Isot kaupunginteatterit keskittyivät näyttäviin musikaaleihin. Kansallisooppera sai talonsa. Esitysten laatu ja hinta nousivat aivan uusiin sfääreihin.

Perheet muuttivat jo lasten ollessa pieniä valmiisiin upeisiin omakotitaloihin. Olohuoneen oli oltava 6 metriä korkea. Suomalaisilla oli ensimmäistä kertaa varaa sisustaa tyylikkäästi.

Lentäminen arkipäiväistyi. Eurooppalaisissa suurkaupungeissa oli mahdollista pistäytyä shoppailu- tai kulttuurireissuilla.

Vihdoinkin sai näyttää, että menee hyvin.

Perussuomalaisia ei vielä ollut.

Hyvinvoiva keskiluokka suurissa kaupungeissa haki myös uutta kulttuuritarjontaa. Ensimmäiset stand up –klubit perustettiin. Krissen narsistinen varakkaan oloinen naishahmo, joka jossain määrin myös edustaa 20-luvun juhlivan sukupolven Charleston -tyttöjä, sopi täydellisesti viihdyttämään tuota uutta juppien luokkaa.

Myös André Wickströmin kautta suomenruotsalaisen sivistyneistö astui kaapistaan ulos suomalaista rahvasta naurattamaan. Narsismi emansipoitui. Älykäs huumori sai kannattajansa.

Toinen iso juonne liittyy suomalaisen huumoriesiintymisen perinteeseen, jonka arkkihahmoja ovat Pekka Puupää, Eemeli, G –Pula-aho, Uuno Turhapuro, jotkin Peepeen ja Aaken hahmot ja tietenkin Jope Ruonansuu.

Jopen esityksessä on paljon piirteitä alykkäästä stand upista. Osa koomikoista halusi tuon perinteen jatkajiksi. Kyllä sekin uudelle postmodernille sukupolvelle käy. Kunhan se vaan saa laatutakuun siitä, ettei joudu seuraamaan puolivillaista hömpsöttelyä.

Kun aloitimme keikkailun ja klubit Hämeenlinnassa "tavalliselle kansalle" saimme heti hyvän vastaanoton. Ensimmäisillä klubeilla oli sama meininki kuin aikoinaan maamiesseurojan tai työväentalojen iltamissa. Yleisösuhde oli konstailematon ja vaikka välillä jotkut jutut vihelsivät niin sanotusti yli yleisön hilseen, vilpitön hauskuuttamisen ja yhdessäolon fiilis veivät voiton.

Emme olleet yleisön silmissä nokka pystyssä kulkevia älykköjä tai snobeja, jotka yrittävät jotain kummallista. Tuntui siltä, että koko kansa tulisi olemaan puolellamme.

MIKÄ ON ELÄMÄN TARKOITUS?

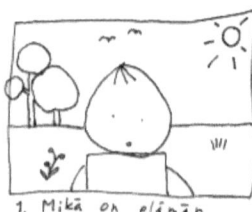

1. Mikä on elämän tarkoitus?

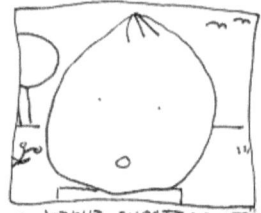

2. Jotkut ehdottaa että elämän tarkoitus on ensin elää vähän, sitten kuolla pois ja sitten taas elää ikuisesti taivaassa tai vaihtoehtoisesti helvetissä.

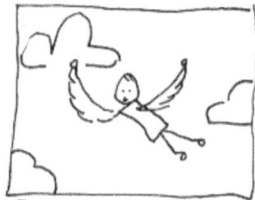

3. Ikuisesti taivaassa tuntuis hyvältä vaihtoehdolta.

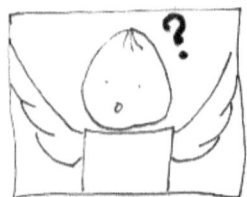

4. Mutta sitten kun sitä on enkelinä ja tietää elävänsä ikuisesti, niin alkaako sitä kysyä, mikä on <u>ikuisen elämän tarkoitus</u>

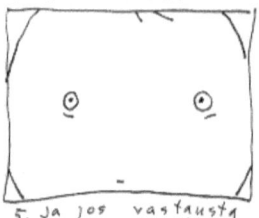

5. Ja jos vastausta ei löydy ja kaikki alkaa tuntua turhalta.

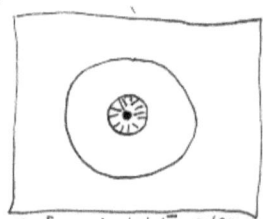

6. Ei voi tehdä edes itsemurhaa.

STAND UPIN OPETTAMISESTA

Viehättävä sivupolku koomikolle on stand upin opettaminen. Olen pitänyt kursseja Teatterikorkeakoulussa, ammattikorkeakouluissa, muissa alan oppilaitoksissa ja onpa minulla ollut muutama yksityisoppilaskin. (Ja nyt Jusse, tietenkin.)

Kirjassamme, "Ala naurattaa, Stand up –komedian käsikirja", on ohjeita aloittelijoille, mutta varsinainen pedagogia on tietysti luku sinänsä. Oppilaat ovat hyvin eritasoisia ja lähestyvät aihetta monista eri suunnista.

Hauskaa on ollut se, että aina joitakin oppilaita on menestynyt alalla ammatillisestikin ja antaneet siten uskoa sille, etten ole aivan toivoton opettaja.

Lähtökohtaisesti stand up –kurssilla on työskenneltävä henkilön oman persoonan kautta. Tässä lähestytään yhteisöteatterin tapaa etsiä aiheet esiintyjän omasta elämästä ja kokemuspiiristä. Käsikirjoittaja on samalla myös oman tekstinsä tulkki. Ollaan myös lähellä tarinan kerronnan perinnettä.

Olen itse saanut näyttelijän koulutuksen, joka oli hyvä yhdistelmä perinteisiä akrobatian, baletin, laulun ja puheen tunteja. Lisäksi haimme syvyyttä tekstin analyysin kautta. Käytössä oli niin sanottu lukutapa –metodi. Sen avulla opimme jäsentämään yksityisen kohtauksen ja koko näytelmän rakennetta. Pyrimme tietoiseen roolin sisäisen maailman hallintaan ja kokonaisuuden yhteiseen kannatteluun koko ensemblen voimin.

Niillä tiedoilla ja taidoilla on kurssimme pärjännyt hyvin teatteritaiteen palveluksessa. Pidän sitä klassisena tapana lähestyä teatteria ja arvostan sitä. Hiljaisen teatterisalin ja katsojaa visuaalisesti ja harmonisesti, syvällisen analyysin voimalla viihdyttävä esitys on kaikkein hienointa teatteritaidetta. Tuo kulttuuri on rakennettu vuosisatojen aikana ja sen tyyppistä teatteria voisi esittää enemmänkin. Klassikot pitävät aina pintansa!

Stand up taas on sukua katutaiteelle. Siinä mennään suoraan suden suuhun ja siinä on itse lunastettava oikeus esiintyä. Lapinlahden Litujen ura sai alkunsa nimenomaan kadulta, Vanhan Ylioppilastalon viereiseltä Perunatorilta. Outoa oli, että paikalle saattoi lounasaikaan kerääntyä satapäinen yleisö. Hattu kiersi ja me saimme oluet kuppilasta. Se oli itselleni komedian ja estradiesiintymisen alakoulu. Kivisen Mikko suolsi spiikeissä tajunnanvirtaa, joka oli kyllä esiaste stand upista Suomessa.

Seitsemän Lapinlahden Linnut –kiertuevuoden jälkeen olin jo käynyt lavaesiintymisen yläkoulunkin.

Stand upin katutaiteenomaisuudesta – ja se on myös tietyllä tavalla ihmisnäyttely – johtuen on lähdettävä läsnäolosta ja ajatuksesta. Antagonistista on se , että kokenut näyttelijä voi läsnäolon sijasta turvautua tekniikkaan ja olla vain osittain läsnä ja amatööri stand up –kurssilainen puolestaan on läsnä oleva mutta samalla katatonisessa jännitystilassa, kun hänelle ei suoda tekniikan tuomaa rentoutta. Ammatti- ja harrastajateatterin ero on myös hyvin samansuuntainen.

Kursseillani lähdettiin kehittelemään henkilökohtaisia numeroita keskustelun kautta. Tätä samaa metodia käytimme monta kesää Ristijärvellä, nuorten teatterileirillä. Kurssilaiset saivat itse käsikirjoittaa ja esittää näytelmiä. Näytelmän aiheet syntyivät nuorten omista yhteisöllisistä kokemuksista. Tietyssä mielessä stand upkin on yhteisöteatteria.

Ensiksi pyydän stand up –kurssilaisia kertomaan mahdollisimman arkisen tapahtuman omasta elämästään. Tässä on tärkeää, että se kerrotaan lakonisesti ilman yritystäkään humoristiseen näkökulmaan. Tästä saadaan aihe, joka on aito ja tosi, kun se kerran esittäjälle on oikeasti tapahtunut. Stand upissa toimivat vain aidot ja todet asiat.

Tässä pyritään myös karsimaan hassuttelua ja hupsuilua ja oppilaat ymmärtävät, ettei hauskasta tai huvittavasta aiheesta saakaan tehtyä hyvää stand uppia.

Sitten edetään set upin eli alustuksen muodostamiseen, tehdään käsittelyosa ja lopulta muotoillaan punch –lause. Tämä kaikki tehdään keskustellen yhdessä luovana ryhmätyönä.

Joskus punch –lauseen keksiminen on todella vaikeaa, mutta aina se lopulta jostakin pulpahtaa. Siinähän sitten opitaan tuntemaan luomisen tuskaa.

Tärkeää on, että kurssin lopuksi järjestetään esiintyminen. Vasta lavalla kaikki konkretisoituu ja esittäjä joko huomaa olevansa surkea tai hauska. Kaikki on itsestä kiinni.

Jos henkilöllä on vain tarpeeksi tahtoa ja uskallusta niin kyllä hän lopulta ensimmäisten, joskus kurjienkin kokemusten jälkeen, saa juonen päästä kiinni ja homma alkaa toimia ennemmin tai myöhemmin.

Minä olen yrittänyt saada oppilaani ymmärtämään pari tärkeää perusasiaa. Ensimmäinen koskee numeron sisältöä. Parodian kohde pitää olla esittäjä itse, hänen omat ennakkoluulonsa ja pelkonsa. Stand upissa ei koskaan suljeta mitään ihmisryhmää pois pilkan kohteeksi. Valtaa pitäville saa ilkkua, koska se on niille ihan oikein, mutta rasistiset sisällöt on jätettävä pois. Jos aihetta haluaa käsitellä, on sisällöt laadittava niin, että numeron voi esittää esimerkiksi yleisölle, joka koostuu pelkästään somaleista tai romaaneista.

Haluan myös, että esitykset ovat hallittuja ja toistettavissa olevia. Suttuisen puoli-improilun ongelmana on, ettei synny jatkuvuutta. Numero on aihio, jonka pitää kehittyä joko sisältönsä tai esittämistapansa puolesta koko ajan. On oltava jotain pysyvää, jolle rakentaa.

Myöskään tekotaiteellinen ei kannata olla. Stand up elää täysin yleisökontaktista ja jos siinä esittäjä asettuu yleisön yläpuolelle omiin sfääreihinsä homma lakkaa toimimasta.

Mielenkiintoista on ollut, että suomalaiset niin sankoin joukoin haluavat esiintyä. Ja nimenomaan tunnutaan arvostavan humoristista esiintymistä. Ehkä kaikki haluavat astella legendaaristen Vesa-Matti Loirin ja Pirkka-Pekka Peteliuksen jalanjäljissä.

Se, miten paljon työtä vaatii tulla hyväksi esiintyjäksi, on monelle yllätys.

ALAN TALOUDELLINEN JA TUOTANNOLLINEN JÄRJESTÄYTYMINEN JA ALKUPERÄINEN KASAANTUMINEN SUOMESSA

Jälkiteollisessa yhteiskunnassa ajatuksella on suurempi vaihtoarvo kuin mötikällä rautaa. Myytäviin tuotteisiin sisältyy aina jotain muuta, kuin pelkkä tuotteen käyttöarvo.

Kattila on esteettinen ja kulinaristinen elämys.

Autossa on peruutustutka ja se puhuu ajajalleen. Se on viihdekeskus. Sillä ei vaan ajeta, vaan se on väline, jolla kommunikoidaan ihmisten ja ympäristön kanssa. Se on statusta ja tunnetta.

Koko elämämme perustuu siihen, mitä siitä ajattelemme. Tutkimme alituiseen ajatuksia ja ehdotuksia mediasta ja ympäriltämme. Onko elämämme hyvää ellei täydellistä? Kun autoa markkinoidaan, myydään ajatusta omistaa juuri tämä auto.

Ensimmäisissä elokuvakokeiluissa riitti, kun yleisö näki liikkuvaa kuvaa. Riitti, että juna ajoi valkokankaalla ohi, kun se oli niin todentuntuista. Ajatuksen määrä oli vähäinen.

Tänä päivänä yhden elokuvan ensi-iltaan ladataan massoittain ajatuksia. Tähtien elämästä kerrotaan. Elokuvan tekemisestä on tehty elokuva. Siinä lanseerataan uutta muotia. Satojen ihmisten työnä on tuottaa uutta lisäarvoa joskus hyvinkin keskinkertaisen viihdetuotteen ympärille.

Ostaessasi elokuvalipun, et osta vain sen tuottamaa kokemusta, vaan kokonaisen elämäntavan.

Stand up myy naurua. Miten kollektiivinen naurukokemus saadaan aikaan?

Stand up –koomikko ajattelee hullusti tai nokkelasti ja joskus pystyy kiteyttämään jonkin ilmiön uudella merkillisillä tavalla, joka saattaa avata kuulijan silmät ja naurattaa. Tuotteemme on ajatuksen synnyttämä nauru.

Tai pelkistetysti sanottuna, myymme ajatuksia. Tämä on stand up –komedian alkutuotantoa, sen alkutuote. Ihminen nousee seisaalleen , "stands up", ja esitys voi alkaa.

Näin paljas oli lähtökohtamme 90–luvun lopulla, kun aloitimme ensimmäiset klubi–kokeilut Hämeenlinnassa. Meillä oli vain juna, joka ajoi valkokankaalla ohi. Mutta yleisö kiinnostui ja ajattelimme, että tätähän kannattaa jatkaa.

Sittemmin on tapahtunut paljon. On syntynyt kokonainen viihdeteollisuuden ala, jonka liikevaihto on Kauppalehden mukaan kymmeniä miljoonia.

Milloin kauppa- ja teollisuusministeriö huomaa tämän ja alkaa suhtautua vakavasti jälkiteollisen yhteiskunnan palvelusektorin uusiin tuotteisiin, jonka työllistävä vaikutus on satoja henkilötyövuosia?

Tämä on huvittavaa. Ei enää paperitehtaita vaan stand uppia! No joo...

Miten tuotteistaminen tapahtui?

Rajasimme siis segmentin suomalaisesta viihdeteollisuudesta itse laatimillamme säännöillä. Meillä oli kaava, joka oli aluksi salainen, vain pienen kuppikunnan tietona. Meillä oli tuote, mutta yleisö ei tiennyt mistä aineista se oli tehty. Voisimme pitää reseptin vain itsellämme ja jakaa työt kaveripiirin kesken.

Tai sitten jakaa lähdekoodin kaikille ja saada aikaan stand up –buumin. Kumpi strategia olisi parempi?

Ja miten se vaikuttaisi omiin intresseihimme? Muuttuisiko määrä laaduksi vai pidättäisimmekö itsellemme oikeuden laaduntarkkailuun valitsemalla esiintyjät klubeille ja festivaaleille ja kuka siinä tapauksessa käyttäisi valtaa ja tekisi valinnat?

Huonoihin esiintyjiin meillä ei olisi varaa kuin aluksi, kun vielä kaikilla oli tiedossa, että nämä olivat suomenkielisen stand upin ensiaskeleet maassamme.

Tämä kaikki pohdinta osoittautui turhaksi. Alan harrastus levisi ympäri Suomea. Lumivyöry lähti liikkeelle, eikä kukaan enää pystynyt hallitsemaan mitään.

Pegasos päästettiin laukkaamaan ja pilttuuseen sitä ei enää takaisin saataisi.

Jyväskyläläiset perustivat oman legendaarisen "Seisomapaikka" –klubinsa.Turku oli varattu Andreelle ja Thiblinille. Helsingissä pyöri "Hard Rock Cafeen" klubi-illat. Act!One laajeni Helsingin Kaupunginteatterin kainaloon Itä – Pasilaan aluksi Rikun ja myöhemmin Andreen pyörittämänä.

Päätä alkoi huimata. Formula toimi! Ajatuksista oli tullut kauppatavaraa.

Ja sitten tuli Sami Hedberg joka perusti stand up -ravintoloiden ketjun ympäri Suomea. Hänen rinnallaan me kaikki olemme vain pikku nappuloita.

TUMPS! –OOPPERA
HOSSEN TEKSTI

Heippa vaan kaikki!

Mun nimeni on Hosse.

Mä olen tenori.

*Mutta koska teksteistä on vaikea saada selvää,
jos laulaa liian korkealta, niin tässä käytän
nyt vain vähän matalampaa rekisteriä.*

Kaksiviivainen E riittää hyvin.

*Korkealta kun laulaa,
sanoo Hynninenkin,
voi hyvin käyttää vaikka vain yhtä vokaalia.*

*(laulaa korkealta Jouluyötä)) Jooloooo, johloooo,
poottonot koik on too.*

Huomaatteko?

Sanoista ei tahdo saada selvää.

*Miltä tääkin nyt kuulostais.(laulaa korkealta.)
Sonoisto oi tohdo soodo solvoo.*

Se on taiteilijan vapautta, votto.

Mä olen syntynyt musiikkiperheeseen.

Mun isäni on kapellimestari Sävel!

Mä olen muusikon poika Hosse Sävel.

Musiikki tuo sisältöä elämään.

*Mä en koskaan oppinut tarpeeksi hyvin
soittamaan mitään instrumenttia.*

Musta tuli laulaja.

Tässä ei ole niin väliä äänien kestolla ja puhtaudella.

*Kunhan vaan on hyvä ääniaines ja
tarpeeksi synkkä ilme naamalla.*

Mieluusti ryppyjä otsalla.

Citymaasturi ja ravihevonen.

Nyt taisin puhua ohi suuni.

Ei tenoreilla.

Vain bassoilla on citymaasturi sekä ravihevonen.

Mun eka kiertue oli Dallapeen 75 –vuotiskiertue.

Mä soitin silloin vielä saksofonia.

Dallapee, siinä vasta bändi.

Ei todellakaan mikään "Tik Tak".

Silloin kun soitetaan silloin kanssa soitetaan.

Kuusi kertaa 45 minuuttia.

Viimeinen setti puoli yhdeltä.

*Kerran yks kaveri köpötti lavan reunalle
ennen viimeistä settiä.*

Pyysi soittamaan jenkkaa.

No, mehän soitettiin.

Kaveri sai sydänkohtauksen ja kuoli.

*Sen jälkeen sovittiin, ettei enää
soiteta jenkkaa puolen yön jälkeen.*

Vähän niin kuin rekoissa on nopeusrajoitin.

Dallapeessä oli jenkkarajoitin.

Mut ei pämppäyrajoitinta.

Kerran rumpalin maksa vinku rundin jälkeen niin.

Että sokeet lähti ylittämään katua.

Oli siinä kiertueessa paljon hyviäkin puolia.

Nuorena muusikkona ei joutunu kiusaukseen,

kun bändäreiden keski-ikä oli 75.

Siinä bändissä bassoa soitti yks Jussi.

Jussi oli hieno mies.

Sen isä oli aikoinaan soittanu Dallapeessä.

Sen basso oli luultavasti umpipuuta.

*Saundi oli sama kuin ois pingottanut
sian suolen kakkosneloseen.*

Tump.

Jussi oli hyvä tyyppi.

Aika hiljainen.

Kerran oltiin lähdössä rundille.

Mä kävin Siwasta ostamassa olutta.

Mut ostin vahingossa korin ykköstä.

Mä olin siis niinku voi votto

Koko rundi pilalla

*Mä menin hakeen Jussia,
niin sillä oli autotallissa kori nelosta.*

Mä kysyin voisko se vaihtaa koria mun kanssa.

*Niin se sano, että mikäs siinä,
onks niissä mitään eroo.*

*Mä sanoin, että saattaa niissä olla
hienoinen makuero.*

Eero oli hyvä tyyppi.

Se halus tulla mukaan Segan autopeliin.

Semmoseen missä istuu neljä rinnakkain.

Me muut oltiin jo päästy maaliin,

niin ihmeteltiin missä Jussi viipyy.

Niin se kysy et mitä tarkottaa "turn around"?

Se oli ajanu lehmän päälle ensimmäisessä mutkassa ja kääntyny väärään suuntaan.

Jos, joku yleisössä ihmettelee tätä lehmäjuttua niin hän on varmasti ajanu World -rallin uudempaa versiota.

(Yleisön edustajalle)

Hyvä, sinä tiedät tämän lehmäjutun.

(onomatopoeettisesti auto ja lehmä) Rynryn iiiiiiiii tump ammuu.

Tump.

Sama ääni kuin Jussin bassossa.

Onks kukaan koskaan nähnyt metronkuljettajaa?

Se on aina siellä mustan lasin takana.

Sehän ei koskaan edes liiku yhtään.

Se voi olla vaikka vaan nukke.

*Ainoa ihminen metrohenkilökunnassa,
josta voi olla varma*

*On se ihminen, joka tekee suullaan
aukeavien ovien äänen.*

(tekee)Pshh.

Ja kerran on todistettavasti nähty yks metrokuski.

*Se hoiperteli pikin Hertsikan laituria
ja oksenteli ympäriinsä.*

Siitä oli lehdessäkin juttu.

*Ne valvontakameratkin on olemassa kuulemma
vain siksi, että kulunvalvonta tsekkaa,*

taasko siellä joku ajaa otsa lasissa.
("Tumps!", Ooppera Skaala 2004)

SE ON KAIKKI IHMISTEN VÄLISTÄ

Kaikki, mikä esiintyvässä taiteessa on merkittävää, on ihmisten välistä. Mikään idea tai ajatus ei ole tärkeä, jos sitä ei kukaan ole kuulemassa. Yhteistyö, tunteet, yrittäminen, tukeminen, onnistuminen, epäonnistuminen tapahtuu lavalla ihmisten välillä. Esitys on olemassa ilmattomassa tilassa lavan ja yleisön välissä. Siihen muotoilemme teoksen, joka koko ajan elää kuin kummallisen planeetan pinta Andrei Tarkovskin elokuvassa "Solaris".

Kun aloitin keikkailun minun ja yleisön välissä oli aika autiota. Ehkä siinä pyöri haamuja Lapinlahden Lintujen ajoilta. Ehkä joku näki edessään jonkun elokuvaroolini. Vuosien saatossa aukko on vähän täydempi ja sitä voi vapaammin muotoilla.

Onko esitykseni illuusio puhuvasta ihmisestä vai puhuva ihminen? Rakentuuko esittäjän ja yleisön välille vuosien saatossa eräänlainen koko elämän rooli. Joutuuko esimerkiksi nuoruudessaan suuren menestyksen saanut näyttelijä lopun uraansa toistamaan niitä asioita, joilla hän tuli kuuluisaksi, niin kauan että hän ja hänen yleisönsä uupuvat.

Se on kaikki ihmisten välistä.

Koomikko on parhaimmillaan kypsässä iässä. Silloin hänellä on tarpeeksi elämänkokemusta ja hänellä on annettavanaan sellaisia sisältöjä, joilla on merkitystä. Nuorempana sitä ajatteli jo tehneensä jotain, kun oli esiintynyt muutamassa elokuvassa ja teatteriesityksessä. Totuus on vain se, että jos haluaa tituleerata itseään näyttelijäksi, on tehtävä tätä työtä 40 tai 50 vuotta. Tärkeätä olisi, että omassa tavassa työskennellä olisi elementtejä, jotka kestävät myös aina charmikkaan nuoren näyttelijän kauden jälkeenkin. Olisi hyvä keskustella välillä myös olevaisuuden kanssa. Stand up –koomikonkin olisi hyvä pitää mielessä, ettei fokuksessa ole vain esiintymisissä onnistuminen, tekniikka tai hauskuuttaminen. Olisi hyvä kerätä myös ihmisen eksistenssiin liittyvää materiaalia, koska sen tyyppinen aineisto saattaa nimenomaan saada syvyyttä myöhemmällä iällä.

"KASVATUSVINKKI"

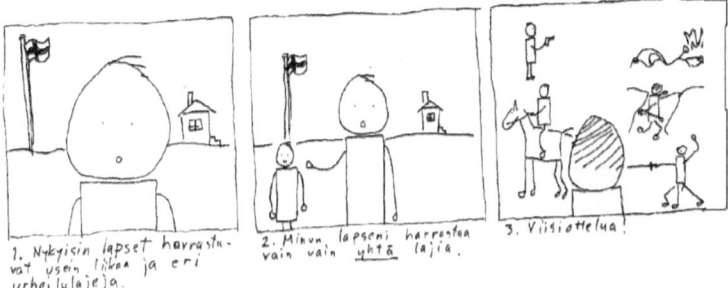

Sunny Side of the Mind
"Kasvatusvinkki"

LÄSNÄOLO JA TEKNIIKKA – VASTAKOHTIAKO?

On kaksi mahdollisuutta. Stand up – koomikko joko on lavalla puhuva ihminen tai sitten hän luo illuusion puhuvasta ihmisestä. Ensimmäiseen vaihtoehtoon pystyy kuka tahansa. Jälkimmäisessä vaihtoehdossa tarvitaan esittämisen eli näyttelijän tekniikkaa.

Maalaustaiteessa tunnetaan suuntaus, jota nimitetään fotorealismiksi. Siinä maalari maalaa taulun, joka on yhtä tarkka kuin valokuva. Parhaimmillaan se on vielä realistisempi kuin alkuperäinen valokuva. Siinä juuri onkin jutun idea. Katsoja tuntee helpotusta, kun tietää, mitä taulu esittää. Hänen kuvallinen vastaanottokykynsä saattaa olla rajoittunut ja abstraktit maalaukset näyttäytyvät pelottavina ja käsittämättöminä. Taiteilija kuitenkin huijaa yleisöään. Taulujen näennäiseen naturalismiin on ladattu paljon ilmaisua, ekspressiota. Fotorealistiset taulut vaativat taiteilijalta suurta teknistä osaamista ja rakkautta käsityöläisyyteen. Samoja ominaisuuksia vaaditaan stand up –koomikolta, joka pyrkii luomaan tekniikallaan illuusion puhuvasta ihmisestä.

Käsitetaiteessa pyritään puhtaaseen ajatuksen välittämiseen. Materiaalit saattavat keskustella toistensa kanssa oudoissa yhteyksissä ja luoda usein humoristisiakin yllätyksiä ja jekkuja. Esimerkiksi Kari Cavénia voisi pitää kuvataiteen stand up –koomikkona. Siis tarkoitan, että hänen taiteensa osittain kommunikoi samalla alueella.

Valistuksen ajoista lähtien ajattelua ja älyä on pidetty ihmisen korkeimpana ominaisuutena. Teatterissa farssi on ehkä puhtaimmin älyllistä viihdettä. Nopeat kohtaukset, joissa näkökulma vaihtuu tiheään vaativat tarkkaa seuraamista. Monimutkaiset juonirakennelmat, joissa yleisö tietää enemmän kuin näyttelijöiden roolihenkilöt saavat aikaan väärinkäsityksiä ja nauruhermoja kutkuttavia tilanteita.

Farsseissa ei tunteilla vaan toimitaan ja puhutaan. Puhuminen ja dialogi on hyvin konkreettista. Muisteloihin ja tunnelmointiin ei ole aikaa. Pitää olla nopeampi kuin yleisön ajatus että punch –lause yllättää. Farssissa puhumisen tapa on informatiivinen. Repliikit ovat aseita. Aivan samoin on stand upissakin.

Uskon, että pienellä vaivalla maamme eturivin näyttelijöistä kehkeytyisi loistavia stand up –koomikoita.

Kollegoiden asenteissa on kaksi valtavirtausta. Toiset sanovat, että on aivan liian pelottavaa astua lavalle ilman roolin antamaa turvaa. Toisten mielestä laji on sellainen, että siihen pystyy kuka tahansa.

Omalla kohdallani koen sen hulluutena aina kokeilla jotain uutta. Sen avulla on hienoa tutkia ja kehittää omaa tekniikkaansa. Toimivista sisällöistä oppii myös. Palaute tulee aina välittömästi ja se on aitoa. Tässä mielessä stand up on hyvin kehittävää näyttelijälle.

Ainakin osa stand up –koomikoista nauhoittaa esityksiään ja pyrkii sitten mikroskooppisen tarkasti toistamaan toimivia intonaatioita ja hiomaan toimimattomia lauseita. Tässä perustavaa laatua oleva koomikon ominaisuus on kyetä toistamaan tarkasti tekstiään ja punch –lauseitaan.

Esittäminen vaatii myös hyvin toimivaa itsereflektiota. Tämä voisi olla esimerkki stand upille ominaisesta teknisestä osaamisesta.

Monet koomikot myös hoitavat hyvin fyysistä kuntoaan. Kieltämättä hyvä kehon ja hengityksen hallinta on aina tärkeää esiintyjälle. Nuoren miehen tai naisen treenatun kropan näkeminen on jo sinällään aika viihdyttävää katsojille.

En tiedä, kuinka moni koomikko on ottanut puhetunteja. Tosin epäselvä artikulaatio, muminat ja tietty "ei-esiintyminen" on usein suorastaan tavaramerkki ja todiste esittäjän aitoudesta.

Itse olen opetellut äänenkäyttöä ja puhetekniikkaa teatterikoulussa. Laulutunneilta sai myös oppia perusasioista, kuten hengityksen ja artikulaation merkityksestä. Pyrimme oppimaan tietyn kehon ja äänen "kannattelun".

Ensimmäisissä esiintymisissäni ajatteli, että juuri tuo "kannattelu" on teatterinomaista ja pienentää läsnäoloani. Lavaesiintymisessä ei ole turvana roolin sisäistä maailmaa, jota yleisö voi seurata ilman, että replikointi on täydellistä. Stand up -koomikolle puhe on olemassaolon ainoa väline ja läsnäolo on taukoamattoman hektistä. Heitin siis "kannattelun" romukoppaan. Luulin, että voisin siten olla enemmän "ei-näyttelijä".

Jälkeenpäin tarkasteltuna se oli tyhmää anarkismia ja idealismia.

Tietenkin voi myös ajatella, että se oli rohkeaa kokeilua, jota juuri halusinkin tehdä. Se kuitenkin muutti esittämisen tosikkomaiseksi ja saarnaavaksi. Viihteellinen arvo kärsi. Myönnetään. Nykyisin haluan enemmän vain viihdyttää. Esittämisen tavan teknistyminen ja pehmentyminen on tehnyt keikkailun paljon helpommaksi. En enää häpeile omaa näyttelijyyttäni ollenkaan. Käynpä säännöllisesti laulutunneillakin pitääkseni koneeni kunnossa.

Nykyteatterissa näytteleminen on usein hyvin fyysistä. Hikoileva, juokseva tai kuperkeikkoja heittelevä näyttelijä huohottaa repliikkejään hyvin aidosti ja ajattelematta. Se on vaikuttavaa ja ekspressiivistä. Silloin ei tarvitse miettiä puhetekniikkaansa. Kun keho on äärirajoillaan, tekniikka on automaattisesti kohdallaan. Hiljaiset ja lyyriset kohdatkin hengittävät kauniisti leikkautuessaan tuohon voimaan ja uhoon.

Jotkut alkuajan esitykseni olivat myös hyvin fyysisiä ja aggressiivisia. En tiedä. Ehkä olisi pitänyt jatkaa niillä linjoilla. Minä annoin periksi sievälle viihdyttämiselle. Aggressiivista ja härskiä koomikkoa ei suomalainen viihdemaailma tuntunut kaipaavan.

Improvisointi on myös opeteltavissa oleva tekniikka. Silloin esiintyjän läsnäolo ja aitous on taattua. Olisi kuitenkin hyvä, että olisi joku varasuunnitelma, jos homma ei lähde ihan hollilleen. Silloin teknisesti esitettyä valmista materiaalia saattaa tarvita.

Lopulta olen sitä mieltä, että ylipäätään näyttelemisessä ei koskaan muusta ole kysymyskään kuin läsnäolosta. Olivat tekniikat ja keinot millaisia tahansa, ilman läsnäoloa esitys on kuiva ja jää etäiseksi. Mielestäni kaikki on sallittua, kunhan esitys elää.

Valitettavasti sitä joskus sortuu teknisyyteen. Joskus on taas päällä ihana "flow". Tekniikasta ei löydy mitään vastausta, mutta ilman sitä kaikki on vähän hankalampaa.

Kaiken kaikkiaan pitää antaa myös tunteen viedä ja uskaltautua hurjasti improvisoimaan kun sille päälle sattuu.

STAND UPIN TELEVISIOON SIIRTÄMISEN ONGELMAT

Stand up –koomikolla on kokemus siitä, että hänen juttunsa ovat hauskoja. Hän on myös hyvä esiintyjä ja kokee syvää yhteyttä katsojiensa kanssa. Isot ja pienet yleisöt nauttivat hänen esityksestään. Nauru raikaa. Miksei hän voisi saman tien tavoitella vielä suurempaa yleisöä. Eikö esitys kannattaisi siirtää televisioon?

Jos kaikkein pienin teatterin muoto on vain pienelle piirille kerrottu juttu, niin kaikkein suurin muoto on televisio-ohjelma. Pitääkö pienemmälle yleisölle kertoa pienempiä juttuja? Entä pitäisikö isolle yleisölle olla tärkeämpiä tai vakavampia sisältöjä?

Teatterin taika perustuu siihen, että se tapahtuu tässä ja nyt. Esitys luo illuusion toisiaan seuraavista tapahtumista. Näyttelijän tehtävä on luoda yleisökontakti ja saada se seuraamaan roolin tekoja ja tunnetiloja. Hän kannattelee koko lavasteista, käsikirjoituksista, tehosteista, ohjauksesta, puvuista, rekvisiitasta ja teatterirakennuksesta koostuvaa rakennelmaa. Hänen on luotava harhakuva siitä, että tapahtumat seuraavat toisiaan mielivaltaisesti ja yllätyksellisesti. Täten esitys muistuttaa elämää, jonka kulku ei ole ennalta tiedossa, ainoastaan aavisteltavissa.

Tämä läsnäolon vaatimus on kirkkaimmillaan stand up –esityksessä.

Teatterissa esitys voi jatkua tehosteiden, musiikin ja koreografian voimin vaikka näyttelijä tyytyisi maneereihinsa ja olisi ulkokohtainen, mutta stand up –esitys lakkaa välittömästi olemasta, jos esittäjä sortuu näihin virheisiin. Yhteinen kokemus ja esittäjän ajatusten ja tunteiden virta, flow, kannattelee esitystä.

Tätä kontaktia ja teatteritilan maagista voimaa ei voi televisiossa toistaa, jos tyydytään taltioimaan stand up –esitys samaan tapaan kuin vaikkapa tavallinen konsertti. Sama ongelma on teatteriesityksenkin taltioinnissa. Salin tunnelma ei välity ollenkaan kuvallisessa muodossa. Tähän yksinkertaiseen ongelmaan törmäsivät ensimmäiset kokeilut klubitaltiointien esittämisessä televisiossa.

Stand up –taltioinneissa on tietysti tiettyä dokumentaarista voimaa, mutta olisiko TV:n voimin mahdollista muuttaa hetkeksi koko Suomi isoksi stand up –klubiksi, jossa syntyisi aito kontakti esittäjän ja yleisön välillä.

Televisiossa on tiettyjä vuosikymmenten aikana syntyneitä sääntöjä sisällön ja esittämisen tavan suhteen, jotka vastaavat suuren yleisön moraalisia tuntemuksia. Näitä sääntöjä voi välillä anarkistisesti rikkoa, mutta esimerkiksi paidaton uutistenlukija kesällä on absoluuttinen mahdottomuus.

Parhaiten on paikkansa lunastanut "Naurun tasapaino". Siihen on istutettu tositeeveen elementtejä ja lisäksi vielä kilpaileminenkin. Hauska idea on käsikirjoittaa eri viiteryhmille yhteisöteatterin tapaan. Valitettavasti varsinainen stand upin esittäminen ei ole enää kaiken keskiössä.

Jos kerran hyvä stand up perustuu hyviin ajatuksiin ja niiden muokkaamiseen hauskaan, viihdyttävään muotoon, niin miksei tätä formulaa saisi toimimaan televisiossakin? Sellaisen ohjelman tekeminen ei vaatisi paljon rahaa, koska ajatteleminen on ilmaista.

Kun käsikirjoitimme Lapinlahden Lintujen kanssa TV:n viihdesarjoja, huomasimme, että yhteen puolen tunnin ohjelmaan vaadittiin 30 hyvää ideaa, eli ajatusta. Ja jotta saa kehiteltyä 30 hyvää ideaa pitää olla 60 ideaa mistä valita. Stand up on niin nopeatempoista, että 20 minuutin stand up –numeroon tarvitaan 200 ideaa eli ajatusta.

Ehdottaisin uuden uljaan stand up –ohjelman muodoksi yksinkertaista ja edullista "puhuvaa päätä".

Koomikoiden pitäisi pystyä laatimaan juttujensa sisällöt sellaisiksi, että ne vastaavat TV:n moraalis-eettisiä sääntöjä. Esimerkiksi suorat alapään jutut saattavat toimia hyvin keikoilla, mutta televisiosta ne pitää jättää pois.

Koomikoiden pitäisi hio esittämisen tapaa niin, että se soveltuisi suoraan katsekontaktiin kameran kautta yleisöön uutistenluvun tapaan. Uskon, että pitäisi pyrkiä eleettömyyteen, jotta ajatukset välittyisivät kirkkaina.

Lisäksi meidän tulisi pyrkiä mahdollisimman suureen "eleeseen sisällön suhteen". Jutun aiheen pitää olla kaikille tuttu. Lisäksi käsittelyn pitää olla tarpeeksi hullu ja kreisi, vaikka esittäminen onkin lakonista.

TV:n ongelma on siinä, että nykyisin ohjelmien teko on halpaa ja helppoa. Halvin ja helpoin tapa tuottaa ohjelmia on tositeevee. Ehdottamani stand up –ohjelma olisi edullinen toteuttaa, eikä silti jäisi roikkumaan johonkin kilpailu- ja tositeeveeohjelmien välimaastoon.

Olisi hienoa saada suomalaisten stand up –koomikoiden luova voima valjastettua koko kansakunnan hauskuutukseen.

"SÄÄSTÄMISEN ONNI"

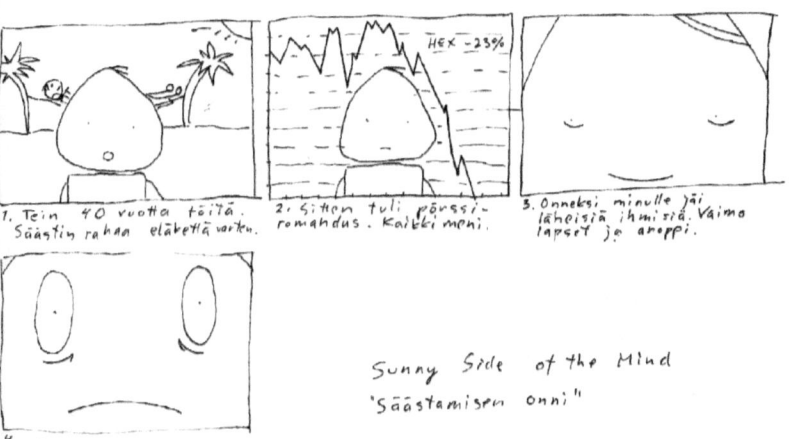

Sunny Side of the Mind
"Säästämisen onni"

KUN KAIKKI MENEE NAPPIIN

Stand up –urani alkoi hieman erikoisella tavalla. YLE:n tuottaja ja ohjaaja Pentti Järvinen otti yhteyttä 90 –luvun alussa ja pyysi minua esiintymään uuteen viihdeohjelmaan, jossa esitettäisiin stand upia. "Humoristien kerho" oli syntynyt teatterikoulun stand up –kurssin osallistujien ympärille ja Pertti Koivula toimi iltojen isäntänä.

Pentin kunnianhimoinen yritys olisi oikeastaan mahdollista toteuttaa vasta nyt, kun Suomeen on syntynyt aito stand up –klubikulttuuri. Vaikka toisaalta olihan Spedelläkin uransa alkuvuosina viihdeohjelma radiossa, stand up –klubi live –yleisöineen tähtiesiintyjänään Leo Jokelan G-Pula-aho papukaija.

Pentti oli pyytänyt tekstejä myös näytelmäkirjailijoilta. Omalle kohdalleni osui Daniel Katzin teksti. Esitin tekstin niin kuin pitikin. Samalla tajusin, että tämä nyt ei ollut ihan aitoa stand uppia. Sain Pentiltä myöhemmin luvan kokeilla käsikirjoittaa itse oma numeroni. Näinhän se kannattaa tehdä! Ilman mitään rutiinia tai pohjatöitä suoraan televisioon esiintymään! Voiko enää pahemmin mennä takapuoli edellä puuhun!

En muista paljoakaan tuosta TV -esiintymisestäni. Tosissani yritin, mutta lopputulos ei tainnut olla hääppöinen.

Tästä sain kuitenkin kipinän tutkia vähän enemmän stand uppia. Olin nähnyt Lenny Brucesta kertovan elokuvan. Minuun teki vaikutuksen Lennyn taistelu sananvapauden puolesta ja valtaapitäviä instituutioita vastaan. Sisimmässäni vallankumousromantikkona se kiehtoi mieltäni. Aloin käsikirjoittaa omaa numeroani. Stand upissa näin mahdollisena myös tienata ainakin jonkin verran, ilman että pitäisi ruveta viihteen hömppäherraksi. Taiteellahan ei tässä maassa kukaan elä.

Olin kuullut, että Stan Saanilalla olisi tietoa ja taitoa aiheesta ja pyysin häntä kuuntelemaan numeroani työhuoneelleni. Stan antoi minulle muutaman hyvän punch –linen, jotka muuten ovat vieläkin numerossani mukana 30 vuoden jälkeen. Muuten hän ei esityksestäni hirveästi pitänyt.

Minulla oli pieni ilmaisuun liittyvä ongelma. Olin ollut vastikään vierailemassa Lappeenrannan kaupunginteatterissa näytelmässä: "Kumpi nauttii enemmän mies vai nainen". Olin joutunut ns. Turkka –mankeliin ja tuo nerouden ja hulluuden rajalla häilyvä äijä oli vuodessa tuhonnut minussa kaiken, mitä olin luullut ymmärtäväni näyttelijän työstä ja tehnyt minusta äyskivän tärisevän katatoonikon. (Siis ainakin jossain määrin.)

Meni muuten vuosia päästä eroon tuosta kummallisesta tärinäteatterimaneerista. Ja uskokaa tai älkää, minä oikeasti luulin, että se oli jotenkin hienoa.

Kirjoitin numeroni, opettelin sen ulkoa ja sitten ei muuta kuin keikkailemaan.

Ensimmäinen oma keikkani Käpylän kyläjuhlissa karsi rajusti idealismiani. Olin ajatellut, että menen vain pokkana telttaan, jossa ihmiset istuvat juomassa olutta ja alan esiintyä. Välittömästi paikka sähköistyisi, ihmiset alkaisivat kuunnella minua ja esitys syttyisi täyteen loistoonsa.

Aloin esiintyä ja mitään ei tapahtunut. Porukat litkivät kaljaa ja minä yritin saada ääntäni kuuluville. Häpesin itseäni. Pieleen meni. Yleisö ei tajunnut mistään mitään. Se ei ollut koskaan kuullut suomenkielistä stand upia, eikä ainakaan livenä. Hetki oli musertavan eksistentiaalinen. Tajusin, että tie ylös tästä mustasta hämärästä ei tulisi olemaan ihan helppo.

Minulta tuntui puuttuvan kaikki työvälineet, vaikka olin sentään koulutettu näyttelijä. Minulla oli kokemusta läpän heittämisestä Lapinlahden Lintujen keikoilta. Oliko minun public imageni täysin tuhoutunut bändistä eroamisesta johtuen? Olinko tekemässä jotain sellaista, mistä en ymmärtänyt yhtään mitään?

Hyvä! Tässä oppisi jotain uutta. Tämä oli todellinen haaste. Tämä oli teatterin eturintama, jossa ei sääliä saisi eikä anottaisi. Pitäisi osata homma ja olla mielenkiintoinen ja se olisi kaikki itsestä kiinni.

Kollegoilta oli turha odottaa tukea. Sain kuulla, että stand up ei toimi Suomessa. Myöskään suomenkieli ei muka sovellu tähän lajiin ollenkaan. Lisäksi yksin yrittämistä pidettiin teatterin yhteisöllisyyttä rikkovana.

Mielessäni heräsi kysymys siitä, kuinka suuri osa teatterin sisältöä on peräisin teatterilaitoksen arkkitehtuurista. (Arkkitehtuuri tässä laajemmin ymmärrettynä.) Kuinka paljon näyttelijän asema hierarkiassa ja koko markkinointikoneistossa ja itse teatterirakennuksen muodostamassa ympäristössä vaikuttaa hänen työhönsä ja maineeseensa? Onko olemassa "paljasta" teatteria? Voisiko stand up olla sitä? Voisiko se kuvata maailmaa aidommin ja rohkeammin kuin perinteinen teatteri?

On ehkä oltava rehellinen, ja mainittava muutama proosallisempi syy kiinnostukseeni stand uppia kohtaan. Suomi oli syvässä lamassa 90 –luvun alussa ja löysin itsenikin kortistosta. Stand up oli mahdollisuus työllistää itse itsensä.

Olin myös kateellisena seurannut Jukka Puotilan uraa ja ajattelin, että ehkä minäkin edes jollain tavalla pystyisin samaan. Saisin ehkä pienen siivun yrityksissä järjestettävien tilaisuuksien keikkatuloista.

Täytyy myöntää, että pyrin tekemään esityksestäni sellaisen, että sen voisivat hyväksyä eri laitokset ja liikeyritykset mahdollisimman laajasti. Se ei saisi olla liian kärkevä. Myöskin alapään jutut pitäisi kertoa todella tyylikkäästi.

Mutta ajatusta jutuissa pitäisi olla. Ja minun ajatukseni eivät välttämättä olisi ihan samoja kuin toimitusjohtajat esikuntineen haluaisivat työntekijöihinsä iskostaa. Olin työntämässä päätäni suoraan leijonan kitaan.

Tämä strategiani vaikutti myös esittämiseni tapaan. Aloin alusta asti kirjoittaa käsikirjoitukseni litteroituun muotoon. Pyrin myös hiomaan yksityiskohdat niin hyviksi, etten tarvitsisi improvisointia kuin ainoastaan silloin, kun se rennosti irtoaisi. Tällä metodilla oli mahdollista esiintyä ilmapiiriltään hyvin kuivissakin tilaisuuksissa. Lisäksi pääsi vähän helpommalla, kun ei tarvinnut lietsoa itseään henkisiin ääritiloihin.

90 –luvulla moni asia muuttui Suomessa yritysystävällisemmäksi kun lamasta oli noustava. Tulisin olemaan osa palvelualojen yritysten esiinmarssia.

Ennen stand up –uraani olin mukana ensimmäisissä improvisaatioteatterikokeiluissa Espoon kaupunginteatterissa. Vaikka meillä oli upeita esityksiä, en kuitenkaan lopullisesti lämmennyt tuolle teatterimuodolle. Tuntui, että esitykset jäivät jollakin tavalla pinnallisiksi. Välillä näyttelijät naurattivat yleisöä maneerinomaisesti hömppäillen. Hommahan on tietysti nykyisin kehittynyt aivan omiin sfääreihinsä.

Yksi asia ilmiössä oli mielenkiintoinen. Tämä oli toistunut

Suomessa aiemminkin kulttuurissa ja monessa muussakin asiassa. Suomi on saarivaltio ja varsinkin sotien jälkeen se on ollut henkisesti sisäänpäin kääntynyt. Tänne on perinteisesti tuotu ilmiöitä vetten takaa ja yleensä niistä on kehitetty oma versio. Jatsista tuli humppaa, baseballista pesäpallo. Yleensä uusi ilmiö Suomessa kohtaa aluksi kovan vastustuksen mutta uppoaa sitten helposti ja osin ihmiset reagoivat massana kuin arktinen sopulilauma. Jos kerran vanhoja teatterin tekemisen traditioita ravistellut improvisaatioteatteri sai yleisönsä, miksemme mekin saisi. Omaa uraansa ajatellen kannattaisi ratsastaa aallonharjalla ja olla ensimmäisten suomalaisten lavakoomikoiden joukossa.

Huomasin, että stand up –komiikassa läsnäolo, présence , on aivan oleellista. Yleisö haluaa seurata ihmistä, ei roolia. Ensimmäistä kertaa lavalle nouseva harrastaja tekee vaistomaisesti kaiken oikein. Miten voi saada aikaan sama ilmiö, mutta silti tehdä se ammattimaisesti ja teknisesti?

Yhtäkkiä tajusin, että olin koko näyttelijäntyön peruskysymyksen äärellä. Lavalla taistelevat koko ajan läsnäolo ja tekniikka. Mistään muusta näyttelemisessä ei ole kysymyskään. Nyt kun olen näytellyt 40 vuotta, mitään vastausta tähän kysymykseen ei ole löytynyt, eikä tule löytymään. Jos läsnäolo puuttuu, puuttuu koko esitys.

Kaiken raatamisen jälkeen olen päässyt esiintymään hienoissa tilanteissa. Jonkun ison kansainvälisen liikeyrityksen iso gaala iltapuvuissa on jäänyt mieleen. Myöskin festareiden teatterisalikeikat ovat olleet mahtavia. Myös joku pienelle joukolle esitetty pikkujoulukeikka on ollut ihan upea omassa intiimiydessään ja siinä, että pääsee todella lähelle yleisöä.

Monella keikalla kaikki on mennyt nappiin.

IHMISELLÄ PITÄÄ OLLA HARRASTUS

*Sitä tämmöinen keski-ikäinen mies niin kuin minä,
tekee kaikkensa perheen eteen.*

*Painaa kahta työtä, että sais asuntolainat maksettua
ja kun sitten lopulta saa vähän ylimääräistä rahaa,
niin aina tulee ensiksi tietysti perhe,
sitä ajattelee vaan perheensä parasta,
että vaimolla ja lapsilla olis oikein hyvä olla,
että ne vois kesällä rentoutua ja viettää oikein
ihanan stressittömän loman ja hankkii veneen.*

*Ihan semmoisen tavallisen pienen,
vanhan purjeveneen.
Eihän sitä meikäläisen rahoilla muuta.
Ihan pienen vaan: 26 –jalkaisen.*

*Mä en kyllä ymmärrä miksi veneillä pitää olla jalat.
Eiks niillä pikemminkin pitäis olla evät.*

*Ja ihan vähän vene –elektroniikkaa:
Kaikuluotaimen, VHS:än, tutkan, autopilotin,*

karttaplotterin ja GPS:än.

*Sitä käy talvella rannikkolaivurikurssit
ja kun kevät koittaa ja vene on saatu veteen,
niin päästään eka purjehdukselle.*

*Sitä ajattelee perheensä parasta,
niin heti poika alkaa vinkua,
ettei ole mitään tekemistä.*

*"Ei ole mitään tekemistä!
Tässä purjehditaan nyt!*

*Etkö sä ole katsonut isin venelehdestä
sitä kuvaa Rolex –mainoksessa.*

No, tää on nyt purjehtimista.

*Äiskällä ei kyllä ole päällä bikineitä,
vaan noi sadevaatteet.*

Missäs äiskä muuten on?

Ei kai se ole huuhtoutunut mereen?

*Ja pysyt siellä ruumassa,
ettei sulle käy samalla tavoin!*

Ei oo mitään tekemistä!

Rakentelet linnoja niistä sikanautapurkeista!"

Sitä tekee kaikkensa,
että perheellä oli ihana kesäloma.

Onkii vaimonsa merestä.

Kuuntelee säätiedoitukset.
Mikä siinä muuten on,
että aina tuulee joko liikaa tai liian vähän.

Ja aina sieltä minne on menossa.

Tottakai semmoinen kiristää pinnaa.

Että tulee joskus korotettua ääntään.

Mutta kapteenin sana on veneessä laki.

"Paljonko sinne rantaan on matkaa?
Sano nyt perkele, kun en mä täältä perästä nää!
Kuinka paljon?
En mä voi lähemmäs ajaa!
Hyppäät nyt!
Hyppäät nyt vaan!
Hyppää idiootti!
Tää on merilain alainen juttu.
Sut tuomitaan maissa linnaan, jos et nyt tottele.
HYPPÄÄ!"

*Sitä tekee kaikkensa,
että perheellä olisi mukava kesäloma.*

Taas saa onkia vaimonsa merestä.

*Eikä se mitään, mutta veneen pohjaan
on saattanu tulla tuhansien markkojen vauriot!*

*Paraisilla perhe sitten pakkaa tavaransa
ja lähtee viettämään loppulomaa sukulaisten mökille.*

Tää on sitten kiitos!

Ja veneestä on velkaa 48 000 markkaa.

Yksinpurjehdus se vasta hienoa on.

Siinä ei ole vastuussa kun ittelleen.

*Niin kuin Hjallis Harkimo sanoo,
kun ei aina osaa ihan tarkasti suomenkieltä:*

*"Parasta purjehtimisessa
ja varsinkin yksinpurjehduksessa
on se itsetyydytys."*
(Teksti "Komediaklubille", TV1 Viihdetoimitus 1994)

KIRJOITTAMISEN JA LUKEMISEN KULTTUURISTA PUHUMISEN JA KATSELEMISEN KULTTUURIIN

Suomessa ei puhuttu aiemmin paljon. Median tapa puhua oli kirjallista ja muodollista. Katsottiin, että kulttuuri asui kirjoissa. Kirja on ajattelua. Kirjailijan ajatukset siirtyvät lukijalle niin, ettei niitä välttämättä lausuta prosessin aikana kertaakaan ääneen.

Ajatusten arkkitehtuuri on nyt muuttunut. Kulttuurin temppeli on karnevalisoitunut. Hierarkiat ovat internetin ja sosiaalisen median avulla menettäneet voimaansa.

Viisaita miehiä ei välttämättä enää pidetä vain asemansa takia viisaina miehinä, vaan heidänkin on osattava myydä ajatuksensa.

Radiokanavien juontajat höpöttelevät arkipäiväisyyksiä.

Pienet ja suuret ajatukset saattavat olla esillä samoilla estradeilla. Puhuminen syrjäyttää hiljaisuuden kodeissa ja työpaikoilla.

Kieli välitti aikaisemmin kuvia kaukaisista maista, menneisyydestä, mytologiasta ja suurista seikkailuista. Teknisen kehityksen ansiosta saamme nyt nähdä oikeita, eläviä, tosiaikaisia kuvia vaikkapa Youtubesta. Saamme olla keskellä seikkailuja videopeleissä.

Tosiaikaisuuden ja elämyksellisyyden vaatimus on siirtynyt näyttämötaiteisiinkin. Maailmalla on esityksiä, joissa pääosassa on taustaprojisoinneista ja tehosteista koostuva näyttämökuva, johon näyttelijät lähes aineettomina sulautuvat.

Kun aloitimme 90 –luvulla suomenkieliset stand up –kokeilut, pidimme merkittävänä juuri puhumisen ja puhutun kielen kulttuurin elvyttämistä. Halusimme rikkoa kaikki säännöt siitä, mistä ei olisi sopivaa puhua. Halusimme, että sana olisi vapaa. Pyrimme myös olemaan aitoja ja kainostelemattomia suhteessa omaan elämäämme ja persoonaamme. Myös finnin puristamisesta sai aikaan stand up –numeron. Se tuntui emansipoivalta virkakielisen monokulttuurin keskellä.

Arkipäivää ja pienen ihmisen maailmaa kuvataan paljon erilaisissa blokeissa. Yksityinen saattaa olla hyvin julkista sosiaalisessa mediassa. Elämä näyttää mukavalta somessa. Perhekuvat valehtelevat enemmän kuin tuhat sanaa. Some näyttäisi olevan se pilleri, joka saa ankeankin näyttämään kauniilta. Se tuottaa hyvää oloa.

Stand up –koomikko haluaa neuroottisesti pitää todellisista asioista kiinni. Elämä on hänelle konkreettista. Hän haluaa näyttää meille totuuden mediavirran hössötyksen keskellä.

Tai sitten hän vain sulaa osaksi sitä.

STAND UP NUMERONI

Verryttelya

Oikein hauskaa, että olen päässyt esiintymään tänne
Nuorkauppakamarin tilaisuuteen.

Mites teillä on ilta mennyt?
Oottekste saaneet hyvää syötävää?
Oottekste saaneet hyvää juotavaa?
Oottekste saaneet tarpeeksi juotavaa?

No sinä olet ainakin saanut.

Opel

Joskus on muuten mainoslause väärässä paikassa.

Mä ajelin tänne niin siellä oli Kehä kolmosella
tienposkessa auto, ajettu ihan rusinaksi,
niin siinä oli takalasissa tarra että:
"Look at Opel now."

Joulupukki

Näin Joulun alla tulee pohtineeksi sellaista asiaa,
että moni, esimerkiksi perheenisä,
joutuu esittämään joulupukkia.

Onks täällä paikalla henkilöitä,
jotka on joutuneet esittämään joulupukkia?

Sinä olet joutunut.

Se on aika hankalaa nimittäin joulupukista
on olemassa niin monta eri versiota.
Mikä versio niistä pitää valita?

Esimerkiksi, liikkuuko joulupukki pororeellä
vai tuleeko se moottoripyörällä tai helikopterilla
ja sitten on tää juttu, että Amerikassa joulupukki
sanoo että: "ho, ho".

Suomessa taas ei sano,
mutta hengitys tuoksuu oudolta.

Talousnäkymiä

Nythän eletään taloudessa vähän sellaisia
huonoja aikoja.

Mulla ei ole mitään hätää.

Mä olen tehnyt hyviä sijoituksia.

Mä olen sijoittanut noihin korkorahastoihin.

*Mulla on sijoituksia esimerkiksi
"Varma Voitto" –nimisessä rahastossa,
se on 20 %:a miinuksella.*

*Sitten mulla on tossa
"Takuutuotto" –nimisessä rahastossa,
se on 30%:a miinuksella.*

*Ja sitten mulla on
"Tässä rahastossa et mitenkään voi hävitä rahojasi"
–nimisessä rahastossa.*

Se on kokonaan lopetettu.

Ekonomistit

Meillä ei oo mitään hätää.

*Meillä on nää talouden asiantuntijat,
joilta voi kysyä miten taloudessa menee:
pankkien ekonomistit.*

*Esimerkiksi nyt ennen lamaa niiltä kysyttiin,
että tuleeko lama ja ne osas heti neuvoa,
että lama saattaa tulla
mutta saattaa olla tulemattakin.*

Ja nyt kun niiltä kysyy ne osaa vastata,
että lama saattaa kestää pitkään,
mutta voi loppua lyhyeenkin.

Remonttiasiaa

Mä olen pikkasen uupunut juuri nyt
kun mä oon just tehnyt kotona remonttia.

Mulla on mun vaimon kanssa hyvin selkeä työnjako.

Mun vaimoni suunnittelee.
Minä toteutan.

Luetteks te noita sisustuslehtiä?

Mun vaimoni lukee sisustuslehtiä.

Sieltä saa paljon hyviä ideoita.

Esimerkiks nyt mä olen tehnyt kylpyhuoneremonttia.

Aluks mä piikkasin seinistä kaikki vanhat kaakelit
niin että siinä oli enää jäljellä semmoinen...uh...
ruma, epätasainen, harmaa betonipinta.

Sen jälkeen mä laitoin siihen kosteussulkua
kahteen kertaan ja sitten primeriä
ja sitten semmoista oikein kallista
italialaista koristelaastia, joka kestää kosteutta

ja joka jätetään pinnaltaan hieman epätasaiseksi.
Maalasin harmaalla stuccovärillä.

Kaks kuukautta tein hommia kaikki
vapaa-ajat ja viikonloput ja nyt siinä
on taas semmoinen harmaa, epätasainen betonipinta.

Mä asun omakotitalossa,
kun se on niin huoletonta.

Esimerkiksi viime syksynä meiltä
lensi piipusta pellit.

Mä soitin vakuutusyhtiöön ja kysyin, että korvaatteko.
Ne kysyi, että milloin tää tapahtu.
Mä sanoin, että viime viikolla
kun oli se kova tuuli.
No siinä tapauksessa me ei korvata.
Mä kysyin, että miksei.
Niin ne sano,
että silloin tuuli yli 30 metriä sekunnissa.
Ei kai ne piipun pellit olis muuten lentäneetkään!
Joo, mutta yli 30 metriä sekunnissa on hirmumyrsky.
Ettekste ole lukeneet vakuutusehtoja.
Me ei korvata luonnonmullistusten
aiheuttamia vahinkoja.
Aijjaa. Te korvaatte tämmöiset vahingot
ainoastaan siinä tapauksessa että ne tapahtuu
TYYNELLÄ ilmalla!
Ei kai me muuten omistettaisi puolia

Helsingin keskustan yksiöistä!

Mun täytyy tunnustaa teille jotakin.
Mä täytän kohta viiskymmentä vuotta.
Tai jos mä ihan rehellinen olen,
mä olen täyttänytkin jo.

Näin viiskymppisenä sitä katsoo maailmaa
ihan eri silmin kuin nuorempana.

Mimmikateutta

Esimerkiks, oottekste lukenut iltapäivälehdistä,
että tämmöiset oikein hyvännäköiset mallimimmit
iskee nykyisin näitä keski-ikäisiä
jäähdytteleviä ammattilaisurheilijoita,
Esa Tikkanen, Jari Kurri, Jani Sievinen, te tiedätte.

Mimmit hei! Nyt olisi pieni
varoituksen sana paikallaan.

Siis onhan niillä rahaa, mutta raha
ei merkitse kaikkea rakkaudessa!

Ja onhan ne nyt vielä hyvännäköisiä
kun ne vielä treenaa tai on just
lopettanut treenaamisen.

Mutta jo muutaman vuoden päästä
ne alkaa lihoa, juoda.Niistä tulee sellaisia

plösöjä jotka vaan muistelee menneitä.

Mimmit!

Teidän pitäis keskittyä keski-ikäisiin näyttelijöihin.

Me ei aleta juoda, lihoa ja muistella menneitä.

Me tehdään sitä kaikkea jo nyt.

Maailma muuttuu

Näin viiskymppisenä sitä on alkanut miettiä miten maailma on muuttunut.

Esimerkiks Suomi oli aivan erilainen paikka vielä 70 –luvulla.

Täällä on paljon nuoria paikalla. Te ette voi kuvitella.

Tallinnaan jos halus matkustaa, niin viisumeita piti jonottaa kuukausikaupalla.

Laiva meni pari kertaa viikossa:
Georg Otts.

Ja kun ne viisumit lopulta sai,
niin eihän siellä Tallinnassa
muuta voinut tehdä kun dokata.

Nykyäänhän tilanne on aivan toisin.

Siis laivavuorojen suhteen.

*Laivoja ja kantosiipialuksia suhaa edestakaisin
melkein puolen tunnin välein.*

Vaikka ruokatunnilla voi käydä siellä kääntymässä.

Mäkin kävin viime viikolla.

Ostin kolmetoista kiloa juustoa.

Aikamoinen ummetus juuri nyt.

*Suomalaisista aina puhutaan,
että suomalaiset on huonoa kauppiaskansaa.*

*Mutta ketkä muut kuin suomalaiset
voi keksiä näin nerokkaan idean.*

Ensin ajetaan olutta rekalla Tallinnaan.

*Ja sitten käydään hakemassa se sieltä
käsipelillä takaisin.*

*Kädet venyy mammalla ja papalla kakskymmentä
senttiä kun kannetaan olutta Tallinnasta.*

Lapin Kultaa!

Se on viis senttiä halvempaa.

70 –luvulla ei ollu tällaisia matkamuistohuolia, ei...

Ruplia jäi yli niin paljon, että niillä saatto ostaa kotiin tuomisiks vaikka...vaikka...vaikka...

Oottakaa mä mietin hetken...vaikka...vaikka...

Vielä hetki...vaikka...muovikassillisen Melodia –merkkisiä äänilevyjä.

Rokkiyhtye "Appelsinin" koko tuotanto.

*(laulaa) "Oo minu ellad vellikesäd
Gulla galli kseddö ed
Oo minu ellad vellikesed
Gulla galli kseddö ed
Mesimarja, memmekesäd
Gulla galli kseddöed
Kseddöed, tradikesed
Kseddöed, trakisesed
Kseddöed, tradikesed"*

Niitä saatto sitten antaa Altti –serkulle rippilahjaks, että tossa on Altti, muovikassillinen Melodia –merkkisiä äänilevyjä.

*Rokkiyhtye "Appelsinin" koko tuotanto?
Mitä helvettiä! Eks sä tuonu viinaa.*

70 –luvulla tuli ensimmäiset tuoppihanat.

Ja tän mä muistan varmasti.

Iso tuoppi makso Vanhan kuppilassa
3 markkaa viis penniä.

Ajatelkaa!

Kympillä kolme tuoppia.
Kahdella kympillä läskit.
Kolme kymppiä jos oli rahaa niin
Matti Pellonpää istu sun pöytään.

Ja ravintolat meni ajoissa kiinni.
Viimeistään yhdeltä.
Mut ei se mitään. Sen jälkeen mentiin
ja pidettiin jatkot.
Juotiin Egri Bikaveriä.
Ja jollakin oli kitara ja laulettiin että:

"Kalliolle kukkulalle
rakennan minä majani"

Ja aina joku osas sen poikien toisen äänen

"Rakennan minä majani"

Tai sitten laulettiin että:

*"On tässä kaupungissa vaikeaa
Kun jonkun löytää jota rakastaa"*

Tai sitten laulettiin että:

*"Jos rakastat kylmää kuuta
Esineitä kirjojen kansia
Auton ovia, ihmisen kuorta"*

70 –luvulla vielä jokainen ihminen osas laulaa.

*Mä haluan takaisin 70 –luvulle!
Mä haluan afgaaniturkin.
Mä haluan korvarenkaan.
Mä haluan solmuvärjätyn laamapaidan.
Mä haluan farkut, jotka levenee alaspäin.
Mä haluan pitkän tukan.
Mä haluan ylipäätään tukan.*

Ja sitten taas Vanhalle kaljalle.

Mullahan on kymppi rahaakin.

Sillähän saa melkein puolitoista tuoppia.

Siunattu tekniikka

*Mutta se mikä on todella mennyt eteenpäin
on tää tekninen kehitys.*

*Jatkuvasti tulee uusia hienoja teknisiä laitteita,
jotka helpottaa meidän elämää.*

Voittekste kuvitella.

*Joskus kauan sitten taloissa oli
semmoinen lankapuhelin.*

Joo, se oli sillai hassusti siellä eteisen pöydällä.

*Ja kun puhelin soi, piti juosta koko
kämpän halki siihen vastaamaan.*

*Nyt kun kaikilla on kännykät ei tartte enää juosta
koko kämpän halki kun puhelin soi.*

Ei niin.

*Tänä päivänä pitää juosta helvetisti ympäri kämppää
ettimässä missä se puhelin soi.*

*Sitten on muuten tää naisihminen
joka ilmoittaa puhelimessa vähän semmosella
konemaisella äänellä että,
haluamanne puhelinnumero on 2,3,
(oudosti venyttäen alarekisterissä)* **neljä***, 8, 9.*

*Sitä rupeaa miettimään minkä takia se neljä
on niin erilainen.*

*Se kakkonenkin on ihan hauska ja kahdeksan
mut neljä et onks sillä joku hektinen
luomiskausi menossa tai jotain.*

Mä muuten kokeilin tätä kotonakin.

*"Kuule kulta, kun meet käymään kaupassa,
niin viititkö samalla tuoda pari pulloa **olutta**
(samalla tavalla venyttäen kuin edellä)."*

*"Heti kun saat pihasta lumet (venyttäen) **luotua**."*

*Sittenhän nykyään voi soitella kännykällä
niin kuin näköpuhelimella.*

Mutta jostain syystä se ei ole yleistynyt.

*Siinähän näkyy kuka soittaa,
mutta siinähän näkyy myös mistä soittaa.*

*(nostaa käden korvalleen kuin miimisen luurin)
"Kuule kulta meillä menee ihan mukavasti
täällä Bangokin seminaarissa. Ollaan just
muotoilemassa näitä sopimuksen
viimeisiä sanamuotoja."*

*"Aijaa, teillä menee kivasti siellä.
Eiks kello o jo aika paljon. Ketäs kaikkia
siellä on niitä sopimuksen
sanamuotoja muotoilemassa? Näytäs vähän!*

Annas vähän kameran kiertää!
Ethän sä missään kokoushuoneessa ole.
Sähän olet Bangokilaisessa yökerhossa!"

"Juu, juu kulta. Tässä vieressä on Nokian
paikallinen johtaja. What was your name? Sue-Ellen.

Nää muut tytöt on Ruotsin Telia-Sonerasta."

"Connecting people"

Silloin kun oli suu- ja sorkkatauti, lentokentillä
oli pienet altaat, joihin ihmiset sai kastella
jalkansa desinfioidakseen.Bangokista tulijoille
pitäis kanssa olla semmoiset altaat,
mutta ihan eri korkeudella.

Kun sulla on kännykkä, sä olet aina
tavoitettavissa ja se todella tarkoittaa,
*että sä olet **aina** tavoitettavissa.*

Meikäläinen vierailemassa Kajaanin
kaupunginteatterissa.

Hieno näytelmä menossa, Norénia,
niin mammalla soi eturivissä kännykkä.

(ottaa miimisen kännykän ja imitoi
hälytysääntä Säkkijärven polkan säveleen)

Padadappadappadaidadaa

*"Äiti tiellä. Männöö ihan mukavasti. Oon teatterissa.
Mitä? Onko sulla neläkä? Ota sieltä jiekaapista.
Voekkuleipee tai jottain. Mitä? Ai, tämä esityskö.
No ei ole hääppönen juttu!"*

*Milloin tulee muuten ensimmäisen kerran radion
toivelaulukonsertti, joka päättyy sanoihin:
"Sit mä lähettäisin vielä terveisiä enolle
Vaasaan ja serkulle Helsinkiin" ja PAM,
helvetinmoiset kolarin äänet...*

"Otetaan seuraava soittaja."

Antiikkia, antiikkia...

*Mun suosikkini teeveessä on
"Antiikkia, antiikkia" –ohjelma.*

*(esittää) "Kuules Hagelstammi, mua ei
tippaakaan kiinnosta, että se kipon on takonut
joku kultaseppä Cederberg Tilsitin lähellä 1687,
vaan kerro mulle mitä se maksaa. Paljon siitä saa?"*

PC

Kaikkein paras uusista keksinnöistä on tietokone.

Mulla onkin kuulkaa kova rauta.

*AMD Anthlon 2200 plus CPU, 80 gigaa kovalevyllä,
500 megaa rämmiä ja 256 kilon chäsee.*

*Tietokoneen käyttö on ihan helppoa.
Sehän alkaa nimittäin keskustelemaan sun kanssas.*

"Invalid command!"

Mikä invalidi minä muka olen.

"Fatal error!"

"Ai, se oli muka niin kohtalokas se virhe minkä meikku teki. Se on kuule kohtalokasta kun mä nykäsen ton töpselin seinästä niin pimenee koko ruutu."

"Can't find modem!"

*"Et löydä modeemia!
Siinähän se on vieressäs pöydällä!
Ota silmä käteen ja kato!"*

"Not enough memory!"

*"Ei oo tarpeeksi muistia! Sitä on 80 gigaa.
80 tuhattamiljoonaa bittiä! Paljon sitä pitäis olla, että herralle riittää. Mennään kauppaan
ja ostetaan lisää!"*

Ei muuta, kuin soittamaan mikrotukihenkilölle.

Mikrotukihenkilö sitten kertoo, että tietokoneessa on erilaisia muisteja. On "extended memory" ja on "enchanted memory". Sen mä kyllä olin tiennytkin. Mullakin on kotona erilaisia muisteja. Mä muistan hirveen hyvin suomen jalkapallomaajoukkueen matsit televisiossa mutta tiskivuorot tuppaa unohtumaan.

(kannustaen) "Pukki, pukki!"

Ja vaimo:

(kannustaen) "Fairy, Fairy!"

Erilaisia muisteja!

Tää onkin hyvä juttu!

"Kuule kulta, voitaisko me mennä ens viikonloppuna käymään mun äidin luona. Oltais oikein ajan kanssa. Nypittäis sen perunamaa ja pissitettäis sen puudelit."

"Kuule kulta, musta tuntuu, että mun "chäsee" on aika täynnä ja mun "extended memory" sanoo, että me ollaan sovittu jätkien kanssa kalareissu. Et kyl mä sanoisin, että toi on "invalid command".

(suojelee kasvojaan iskuilta
"Okei, se oli "fatal error" se oli "fatal error".

Se on vähän sama kun...

Tänään mä menin ton Lidlin inäyteikkunan ohi.

Lidl, Lidl...

Sopii hirveän hyvin suomalaisen suuhun toi: "Lidl".

Niin siihen oli joku paksulla mainostussilla kirjoitanut mainosplanssin, niin siinä luki että:

"Konepestäviä kertakäyttömukeja jälleen myynnissä."

Onks teillä kotona "konepestäviä kertakäyttömukeja"?

Se on vähän sama juttu kuin:

"citymaasturi".

Tai:

"talviasuttava kesämökki".

Tai:

"pieni, kompakti tila-auto".

Tai se, että sulla on aina mukana lukkosulaa.

Hansikaslokerossa.

Että jos auton ovet on jäätyny,

niin pääsee sitten ainakin autosta ulos!

Se on vähän sama juttu, kuin
että hankkii tietokoneeseensa uuden tulostimen,
ei saa sitä toimimaan, niin siinä on
kyljessä pieni lappu että:
"Käsikirjan voi tulostaa"

Se on vähän sama juttu, kuin nämä makkarapaketit.
Niissähän on semmoinen pieni punainen kohta:
"Avataan tästä. Öppnas här."

Eihän se siitä aukea!

Se on jumalauta koko makkarapaketin vahvin kohta!

Mistä niin vahvaa muovia ylipäätään saa!

Eihän siihen pysty mikään.

Ei veitsi, ei haarukka!

Niitä pitäis käyttää
"Maailman vahvin mies" –kilpailussa.

"Auton kanto", "Jättiläisen pallot"
ja "Makkarapaketin avaus".

*Makkarapaketit on tehty nykysin niin vahvoiksi,
että lauantaimakkara säilyy niissä viiskymmentä vuotta.*

*Eri asia haluaako syödä makkaraa, mikä on pakattu
ennen Helsingin olympialaisia!*

Etanat

Sitten on nää etanat!

Onks täällä viherpeukaloita paikalla.

Mä olen viherpeukalo.

Mulla oli viime kesänäkin 40 tomaatintainta.

Sain kolme tomaattia.

Kaks jäi vähän vihreeks.

*Mutta nykyisin meidän siiromaapalsta
on ihan täynnä etanoita.*

Ne on ällöttäviä.

Liiskaantuu jalkojen alla.

*(astelee etanoiden päällä)
Pruits, pruits.*

Syö kaikki rehut.

*Mutta nyt oli televisossa ohje,
miten niistä pääsee eroon.*

*Otetaan teevati. Kaadetaan siihen vähän olutta.
Pannaan se pusikkoon. Niin etanat tulee
yön aikana ja juo itsensä hengiltä.*

Mutta kun mä asun Helsingissä tuolla Kumpulassa.

Se on semmoinen pittoreski puutaloalue.

*Pittoreski tarkoittaa tässä tapauksessa sitä,
että joka toinen talo on puskutraktoria vailla.*

*Asuu paljon taiteilijoita, toimittajia,
muusikoita ja näyttelijöitä.*

*Jos mä siellä kaadan kesäiltana teevadille
olutta ja panen sen pusikkoon, niin siinä ei
aamulla makaa kuolleita etanoita,
vaan elokuvaohjaajanero Lauri Törhönen.*

Perhe

Jaa, mun pitäis varmaan kertoa vähän lisää itsestäni.

Olen näyttelijä, free lance.

Naimisissa.

Kaksi lasta.

Täytän kohta viisikymmentä.

Tai itse asiassa olen täyttänytkin jo.

Vaimo on neljäkymmentä.

Meillä on aika suuri ikäero.

Mä kutsunkin häntä leikkisästi "tytöntylleröksi".

Hän kutsuu minua leikkisästi "papanpapparaiseksi".

Meillä menee ihan mukavasti.

Me käydään paljon Ikeassa.

Meillä on oikeastaan melkein kaikki kotona jo Ikeasta.

Välillä, kun me ollaan Ikeassa,
mä en oo ihan varma,
ollaanko me kotona vai Ikeassa.

Mun poikani kasvaa hyvää vauhtia.

Viime kesänä se meni ja laittoi
ihan itse saunan pesän lämpiämään.

Mä sanoinkin sille, että:
"Toivo sä alat jo olla iso poika.
Et kohta mun ei tarvii sanoa sulle kuin että:
"Kipases lämmittämään sauna ja sä kipaset"".

"Joo iskä, ja kohta mä oon niin iso,
että mä voin sanoa sulle, että:
"Kipases äijä ite!""

Mökkielämää

Oottekste mökki-ihmisiä?

Mökkielämä on ihan mukavaa.

Tulee vaan aina vähän tissuteltua.

Te tiedätte nää kolmen litran pahviset viinipakkaukset.

Ne on oikein taivaan lahja tissuttelijalle.

Hups, tosta vaan hyllystä mukaan.

Riittää moneksi illaksi.

Se on äänetön.

Sen voi hävittää huomaamattomasti ilman,
 että jää kiinni ostoskeskuksen
 pullonpalautusautomaatilla ja pilaa

koko ammattikunnan mainetta.

Tommosesta pullostahan huomaa, että:
"Ohoh, nyt mä olen juonut puoli pulloa."

Mut pahvitötsästä ei huomaa mitään
ennen kuin se on tyhjä.

Sinä samana iltana...

Mut ei hätää!

Aina saa tiristettyä vielä lasillisen.

Ja tyhjästä sisuspussista saa,
kun puhaltaa täyteen ilmaa,
oivallisen niskatyynyn seuraavaks aamuksi.

Tai lapsille rantalelun.

Ihmiset katsookin uimarannalla,
että kyllä on meidän lapsilla hauska
neljäntoista hengen puhallettu lautta!

Mun poikani keräs nuorempana pullonkorkkeja.

Sillä oli aika iso kokoelma.

1452 korkkia!
Ja kaikki Koffia!

Vakavaa asiaa

*Jaa ihan tässä lopuksi vois puhua
vähän vakavampaakin asiaa.*

Näin viiskymppisenä mies on parhaimmillaan.

*Näin viiskymppisenä mies pystyy
kypsään seksuaalisuuteen.*

*(ottaa Adonis –asennon ja odottaa jonkun naisen
tirskahdusta ja suuntaa sitten voimalla tälle)*

Joskus vaan ei huvita!

Naiset pääsee tässä asiassa paljon helpommalla.

Ne voi aina teeskennellä orgasmin.

*Mutta teeskentele siinä nyt orgasmia,
kun muna roikkuu kuin
löllykkä puttigriini haaruvälissä.*

Siis pitäiskö mun olla niin kuin nää nuoret kollit täällä!

*(osoittelee nuoria miehiä)
Viisari pystyssä juoksemassa toreja ja
turuja se yks asia mielessä.*

Noita kolleja kun katsoo, niin on se hyvä,

että on edes jotain moraalisääntöjä olemassa.
Muutenhan tuolla ei sais
valkoposkihanhetkaan tepastella rauhassa!

"On se Markku niin ihana, kun sen kanssa
voi tehdä kaikkea kivaa, kun sillä ei ole
koko ajan "se" mielessä.
Ei se oo homo, se on keski-ikäinen."

Mitä noiden nuorten miesten silmissä tuntuu
lukevan muuta kuin:
"Mennään sänkyyn."

Lukeeko näissä silmissä, että:
"Mennään sänkyyn."

(pyörittelee silmiään)
Ei lue!

Näissä lukee, että:
"Matkustellaan. Syödään hyvissä paikoissa.
Keskustellaan taiteesta ja elämästä.
Ja vasta sitten mennään sänkyyn, jos kyetään."

Kiitokset

Kiitos kaikille! Te olette olleet mahtava yleisö!

Ja ihan lopuksi vielä.

Muistakaa, että meillä suomalaisilla on paha vika.
Varsinkin näin synkän marraskuun aikoina
meillä suupielet painuu helposti alaspäin.
Meistä tulee sellaisia mörököllejä.
Tämmösiä näin:
(suupielet menevät alaspäin)

"Yks kertalippu!"

"Tuleeko se vaihto-oikeudella vai ilman?"

Tämmösiä näin.

Meidän pitäis hymyillä enemmän.

Näin.

(hymyilee)
Ulkomailla kaikki hymyilee.

Ameriikassa puliukotkin hymyilee.

Kokeilkaa!

Koko pianolaatikko vain näkyviin!

Tuntuu paljon paremmalta!

Ei harmita enää männäviikolla saatu parkkisakko.

*Ei harmita se, että naapurilla on 65 tuuman telkkari
ja sulla vaan 52:n.*

*Ei harmita sekään, että Tallinnassa mimmeillä
on kaikilla minihameet, pitkät sääret
ja korkeakorkoiset korot
ja sä olet syysretkellä perheen kanssa.*

Hymyilkää hyvät ystävät!

Oikein hyvää jatkoa kaikille!

Kiitti!

STAND UP –KULTTUURIN VAIKUTUS TEATTERISSA

Ajattelimme Rikun kanssa, että stand up –klubit madaltaisivat kynnystä tulla katsomaan myös varsinaisia teatteriesityksiä. Osittain näin Hämeenlinnassa varmaan tapahtuikin. Pelottavaa joidenkin mielestä on nyt, että stand up alkaakin viedä yleisöä teattereista. Näille tahoille sanoisin rauhoittavan sanan, joka tulee taloustutkijoiden suusta. Vastoin yleistä luuloa kenkäkaupan viereen kannattaa perustaa kenkäkauppa. Molemmat hyötyvät lopulta toisistaan, kun asiakas- tai yleisömäärä kasvaa.

Teatterit ovat aina olleet valmiita myös uusille virtauksille, vaikka tiettyä arvokonservatismiakin esiintyy. Kansallisteatteri osoitti rohkeutta antaessaan ison näyttämönsä TV:n stand up –ohjelman loppukilpailupaikaksi. Meneväkö vellit ja puurot tässä jo sekaisin, kun rahvas päästetään kolistelemaan marmorikäytäville?

Suomalaisen teatterin juuret ovat vahvasti kansan teatterissa. Suomen ja suomalaisuuden ytimessä on vankka halu oman kulttuurin vaalimiseen. Tämä on joskus synnyttänyt kitkaa alemman kansankerroksen ja sivistyneistön välillä. Ehkä rillumarei –kriisi on jo helpottumassa. Ehkä stand up on juuri sellaista massojen viihdettä, joka on ominaisuuksiltaan kansaa valistavaa ja siten arvostettavaa myös sivistyneistön parissa.

Nuorten teatterintekijöiden parissa on myös haluttu kokeilla stand upin muotoa teatteriesityksen osana. Stand upin tapa esiintyä suoraan yleisölle voidaan siirtää myös näyttämöpuheeseen. Porin Rakastajat teatterin esityksen "Suomi – hulluu touhuu" 2014 muoto oli lähellä jotakin sellaista kuin: "Stand up –teatteri".

Esityksessä oli neljä päähenkilöä, jotka esiintyvät omilla nimillään ja olivat koko ajan näyttämöllä. Esityspaikkana oli teatteriravintolan estradi. Päähenkilönä oli työryhmä, joka pyrki muka improvisoiden ja keskustellen hahmottelemaan synnyinmaamme koko kuvaa, nyt kun kaikki sen arvot tuntuvat olevan valinkauhassa.

Suurimman osan ajasta näyttelijät puhuivat suoraan yleisölle ja kun johonkin kohtaukseen jouduttiin syvemmälle illuusioteatterin tyylin, se tehtiin mahdollisimman esittävästi. Näytelmän ohjaaja ja toinen käsikirjoittaja Tapio Kankaanpää oli oivaltanut jotain merkittävää esittävästä ja totaalisesta teatterista.

Esitys oli viihdyttävä, mutta siinä oli myös aika kirpeitäkin kannanottoja. Kaikki tavat näytellä tulivat sallituiksi tuon alibin kautta, että olimme vain näyttelijäseurue, joka kokeilee kaikkea mahdollista. Kohdallani se oli aivan mahtavaa emansipaatiota kireäpipoisuudestani ja liiallisesta kontrolloimisen tarpeestani.

Stand upin tapaan saatoimme myös matkustaa ajassa ja paikassa vain sanan voimalla. Ja oli meillä punch-lauseetkin. Hypimme rohkeasti aiheesta toiseen ja vähän välillä improvisoimmekin oikeasti.

Esitys eli voimakkaasti vuorovaikutuksesta yleisön kanssa

stand upin tapaan. Kun yleisö lähti mukaan, olimme mekin loistavia. Joskus se ei lähtenyt. Silti riski kannatti ottaa. Täysin riskitön esittämisen tapa on usein myös aika tylsä.

Mottomme oli: "Jos jostakin vakavasta asiasta puhuu vakavasti, saattaa muuttua niin vakavaksi, ettei kukaan ota enää vakavasti."

Stand up tuottaa myös suoraa fyysistä tietoa siitä, mistä yleisö pitää sekä sisällön, että esittämisen kannalta. Stand up –koomikko oppii myös paljon Suomesta, suomalaisuudesta ja paikallisista kulttuureista. Tämä kaikki tieto on hyödyllistä. Varsinkin, jos tehdään esimerkiksi sketsi –ohjelmaa suurelle yleisölle.

Voiko stand up –numeroa verrata teatterimonologiin? Milloin näyttämödialogissa lopetetaan puhuminen yleisölle ja aletaan puhua vastanäyttelijälle?

Kun Esko Salminen ottaa pari askelta eteenpäin jossain Shakespearen kuningasnäytelmässä ja alkaa puhua, tiedämme, että nyt seuraa kuuluisa Macbethin monologi. Hän puhuu sen suoraan meille. Kontakti välillämme on aito ja vilpitön. Roolihenkilön ongelmat tuntuvat tutuilta ja ymmärrettäviltä. Jutut peilautuvat omaan elämäämme. Olenko minä, yliopiston lehtori tai valtion virkamies oman elämäni tarkoituksesta yhtä pihalla kuin tuo kaveri tuolla näyttämöllä.

Mielestäni tässä tilanteessa ei ole mitään ylevämpää tai taiteellisempaa kuin hyvässä stand up –esityksessäkään. Ero on vain siinä, että Macbeth on tragedia, mutta stand up esitys on komedia, eli huvinäytelmä. Molemmissa esittämisen tapa perustuu tekniikkaan, läsnäoloon, ihmisten kanssa olemiseen ja yhteisten tunteiden jakamiseen.

Kun Esko Salminen kääntyy monologinsa jälkeen taas vastanäyttelijöihinsä ja alkaa puhua, eikö hän kummallisella tavalla puhu edelleen yleisön kautta. Missä loppujen lopuksi sijaitsee "neljäs seinä".

Ohjasin ja käsikirjoitin koomisen oopperan nimeltä Tumps! Se esitettiin kahdesti, kerran Suomen Säveltäjät ry:n 60 –vuotisjuhlakonsertissa ja kerran Porissa Lainsuojattomat –festivaaleilla.

Olen klassisen musiikin ja erityisesti oopperan suuri ystävä. En pidä niitä ollenkaan eliitin harrastuksina. Todellista laajojen kansanjoukkojen taidetta on erityisesti ooppera. Niin kuin stand upkin, oopperan juuret ovat Italian keskiaikaisessa toritaiteessa. Suurista tunteista, kauniista musiikista ja komeista lavastuksista ja vaatteista nauttii pölhömpikin ihminen.

Tekoprosessi oli hyvin mielenkiintoinen. Istuimme alas ja kolme laulajaa saivat vain kertoa juttuja itsestään ja elämästään. Vanhan tavan mukaan, niiden ei tarvinnut aluksi olla hauskoja. Riitti, että ne olivat tosia ja aitoja. Näistä jutuista sitten väänsin elämäni ensimmäisen (ja todennäköisesti viimeisen) oopperalibreton.

Kolme säveltäjää sitten tekivät työnsä ja siinä se oli: Suomen, ellei maailman ensimmäinen stand up –ooppera. Siihen asti koomiset oopperat olivat paljolti perustuneet oopperan esitystradition koomiseen liioitteluun tai taidemuodon sisäiseen diskurssiin. Me sen sijaan teimme itse asiaa. Juha Hostikan tarina basistikaveristaan ja ykkösoluesta oli mainio. Petri Bäckström taas seikkaili Ilmajoen musiikkijuhlilla. Laura Heinonen kertoi parisuhteestaan. Mielestäni esitys oli varsin tyylikäs ja hauska.

Erityisen vaativa ilmaisullinen tehtävä oli kommunikoida yleisön kanssa puheenomaisesti, vaikka uuden musiikin säveltäjät vähän revittelivät partituureissaan ja hakivat laulajien äänialueiden ääripäitä. Vaativa ja esittäjilleen uusia ajatuksia herättävä prokkis se varmasti oli. Ainakin toivon niin.

Oopperassa muodon ja sisällön välinen ristiriita on usein silmiinpistävä. Uskottavuus kärsii, jos laulaja joutuu keskittymään vain äänen tekniseen tuottamiseen. Oopperan traditiossa musiikin puhtaus on aina ykkösenä. Voisin kuitenkin kuvitella esityksen, jossa laulun kertovuus ja puheenomaisuus saisivat suuremman sijan.

Tai sitten vain myönnetään, että perinteissä pysyminen ja kulttuurin jatkuvuus on juuri oopperan suurin anti.

ILARI JOHANSSONIN HAASTATTELU 11.11.2014

Miten kiinnostuit lavakomiikasta?
Mulla oli ollut tähän lajiin salakiinnostusta, joka alkoi jo teatterikouluajoilta Tanskasta. Mun yksi kaveri lähetti mulle c-kasetin, jossa esiintyi Dennis Leary. Se vaikutti erittäin mielenkiintoiselta. Myöhemmin näin kirpputorilla yhden videon, joka pyöri siellä taustalla. Siinä oli lavalla Eddie Murphy. Se teki suoraan sanottuna vaikutuksen. Oli suorastaan maagista, että yksi ukko pystyi esiintymään yksin ja pitämään yleisöä hallussa pelkästään jutuillaan.

Meillä oli siellä teatterikoulussa semmoisia esityksiä, jotka oli tarinankerrontaa ja itse asiassa aika lähellä stand uppia. Pelotti kuitenkin yrittää itse tuota lajia. Onneksi sitten kun palasin takaisin Suomeen ja olin Hämeenlinnan Kaupunginteatterissa näyttelijänä, niin Suokkaan Riku sitten pakotti stagelle.

Se olikin sitten sitä myöten selvä. Se oli sattumusten summaa ja silloin. Tää oli siis vuonna 92 kun tulin Suomeen ja ekat esiintymiset oli sitten vuonna 97. Robin Williamsin San Franciscon live-keikan mä osasin kanssa melkein ulkoa kun hankin sen kasetin. Ryhmätyönä me sitten teatterin näyttelijät ruvettiin treenaamaan Rikun johdolla tätä lajia.

Oletko naurattaja, viihdyttäjä vai totuuden etsijä?
Mä toivon, että mä olen noita kaikkia.
Kyllä mä naurattaa haluan. Onhan se jo siinä sanassa mukana: stand up – komedia. Viihdyttäjä sana suomeksi on vähän pliisu. Englannin entertainer kuulostaa jo pätevältä.
Kai sitä totuuttakin etsii. Stand up perustuu sille, että on rehellinen itselleen ja että asiat on ainakin itselleen totta.
Mä esitän omia mielipiteitä ja haluan, että mulla on oma ääni.
Sitä myös vaihtelee noita rooleja esityksen aikanakin.
Joskus haluaa paljon nauruja, mutta välillä tekee myös mieli vaan paukuttaa niille asioita mitkä ottaa päähän. On ne sitte jotain yhteiskunnallista asiaa tai vaan jotain semmoista mikä ihan itseä henkilökohtaisesti pännii. Mutta esitys ei saa muuttua paasaamiseksi tai synkäksi monologiksi. Siinä pitää myös olla viihdyttäminen mukana.

Käsitteletkö esityksessäsi ihmiselämän syvempiä virtoja?
Mitä sä tarkoitat? (MT: kuolema, jumala, eksistenssi...) Joo... rakkaus. Nyt kun on omia lapsia niin se tuo tiettyä syvyyttä elämään. Tommosia aiheita ei tietoisesti lähde hakemaan, mutta ne saattaa jopa vahingossa vaan tulla esityksen aikana vähän niin kuin sivutuotteena, että ohoh, nythän tohon lipsahtikin jotain syvällistä. Siitä ei tule mitään, että istuu alas ja päättää kirjoittavansa jotain syvällistä. Oivalluksiin tää kaikki perustuu.

Miten olet verkottunut?
Mä olen tehnyt aika kauan ja mulla on jo nimeä. Yleisö haluaa jo nähdä mut. Tietenkin kollegoiden kanssa oon verkottunut. Ja sitten tietysti ohjelmatoimistot on tärkeitä.

Ohjelmakauppa tekee paljon, siis Westerlundin Totte ja sitten on Suomen Stand up –club ja Antti Virtanen, joka tekee kiertueita ja sitten on Ismo Leikolan Onestargroup ja sen manageri Ruusuvaaran Janne ja Arimo Mustosella on oma toimisto Tampereen suunnalla, Ohjelmanaiset ja sitten vielä Extraviihde ja Polarartistit. Thiblinin ja Wickströmin WT –comedy on kanssa.

Verkostoitumisesta vielä se että on perustettu vähän niin kuin ammattiliitto, Suomen Ammattikoomikot, ihan sitä varten, ettei kuka tahansa voi ilmoittautua koomikoksi. Ja sitten on tietysti Samin imperiumi. Sillä on omat ravintolat eri kaupungeissa. Samin dynastiahan se on.

Festareita järjestetään kanssa ihan hirveesti.

Kuka mielestäsi päättää keikoistasi?

Kyllä mä loppupeleissä voin valita itse keikkani, onneksi. Tottehan mua pääasiassa myy ja se aina soittaa mulle ensin ennekuin sopii mitään. Mitään sopimuksia meillä ei ole siis yksinoikeuksia Amerikan tyyliin. Festarikeikat kanssa mä päätän ihan itse.

Mitä odotat tulevaisuudelta, omalta ja koko viihdemuodon?

Muistathansä, silloin meille sanottiin, ettei stand up toimi Suomessa ja jopa, ettei stand uppia voi esittää Suomen kielellä. Kahdeksan vuotta mä sitä kuuntelin. Nythän tää ala kasvanut vaan koko ajan. Tää viihde- tai taidemuoto on lunastanut täysin paikkansa ja tulee jossain muodossa säilymään aina.

Televisiossa on ohjelmia, Naurun tasapaino, ja isot areenat vetää täysiä saleja. Varmaan joku notkahdus tapahtuu jossain vaiheessa, kun Hartwall areena isompia paikkoja ei enää löydy.

Mä uskon, että sellainen muutos tulee tapahtumaan, koska laji kehittyy ja koomikot kehittyy, että syntyy koulukuntia ja tyylilajeja. Varmaan just viihdyttäjät ja sitten rohkeammin kantaa ottavat eriytyy. Siellä on nyt jo nää Teemu Vesterinen, Lindströmin Jukka, Anders Helenius ja Joni Koivuniemi, jotka paukuttaa aika rohkeasti ja kantaaottavasti menemään.

Omalta kohdaltani mä toivon, että pystyn sätkimään mukana. Mä toivon, että pystyn löytämään uusia kulmia. Kun ikää tulee, sitä varmasti näkee asiat vähän eri tavalla ja pitää pystyä pitämään oma komiikka suhteessa siihen muutokseen.

Itse mä uskon, että katsojien ikärakenne varmaan muuttuu kanssa. Siellä tulee olemaan eri-ikäisiä katsojia. Onhan tässä yleisön kanssa yhdessä jo vanhennuttu 16 vuotta.

Varmaankin stand up tulee myös pois marginaalista.

Oletko tulkki elämän kummallisuuksille vai tuottaako suurinta mielihyvää vain esillä oleminen (ja tietenkin naurattaminen)?

Mä olen tulkki ilman muuta. Tää kysymys liittyy juuri viihdyttämiseen. On koomikoita, jotka haluaa vain naurattaa ihmiset tärviölle ja vasta toissijaisesti pyrkivät tutkimaan maailmaa. Omalla kohdallani puhua havainnoistani ensisijaisesti ja sitten voi olla tyytyväinen, jos se vielä naurattaa jotakuta.

Tätä vois verrata Buffon –teatteriin. Yleisö katsoo peilistä omaa elämäänsä, mutta peili on rikki.

Saatko elantosi lavakomiikasta?

Juu, saan. Mutta teen kyllä jonkin verran töitä myös näyttelijänä. Stand up on ollut pääelinkeino jo 11 vuotta.

Onko maailma kummallinen vai oletko sinä?

Yleisön mielestä minä olen kummallinen ja minun mielestäni sellainen on maailma. Mä olen elämässäni aina kyseenalaistanut lähes kaiken. Mä olen aina katsonut maailmaa huvittuneena. On hauskaa kääntää asioita ihan nurin.

Onhan se huumori myös aina suojamekanismi. Jos vaikka karhu on pistelemässä sua poskeensa, niin voihan sen pistää leikiksi, että ootko karhu varma, ettet saa minusta vatsanvääntеitä, kun olen aika hapokas kaveri.

Näkökulmaa mielellään myös vaihtaa. Sen voi tehdä henkilöiden välillä, mutta voi myös katsella juttua kauempaa, puolueettomana tarkkailijana.

Ja sitten voisi sanoa vielä, että mä en elä harmoniassa itseni enkä ympäristöni kanssa. Sehän olis tylsää.

Oletko luova taiteilija vai yleisön palvelija?

Kyllä tää on aika lailla käsityöläisammatti vaikka luovuuttakin tarvitaan. Mä olen suorassa kontaktissa yleisöni kanssa. Se olis ihan eri asia jos mä pitäisin taidenäyttelyn tai performanssin. Tässä lajissa ei voi kutsua yleisöä paikalle vain ihailemaan mun nerouttani. Tässä lajissa kun lähtis omiin sfääreihinsä...

No Andy Kauffman kyllä luki satuja ja oli välillä makuupussissa piilossa ja sitä rataa. Jim Carrey kanssa teki kiertueen, jossa se paini naisten vapaapainiotteluissa.

Perttu Pesähän oli myös esiintymässä meidän klubeilla genitaaliorigameillaan.

Siellähän oli myös yksi origami nimeltään Markku Toikka.

Ei, kyllä mä olen ehdottomasti yleisön palvelija ihan täysin.

Onko sana vapaa?

On. Mä olen sitä mieltä, että on vapaa ja sen pitää olla. Se on myös vastuu meillä, tän lajin harrastajilla, että me tehdään sanasta vapaa. Me oikeasti taistellaan sen puolesta, että sananvapaus vaan laajenisi ja tulis aina vaan isommaksi. Jos sana ei ole vapaa, meidän pitää näyttää se naurettavuus miksi sana ei ole vapaa.

Kyllä me nauretaan tyhmille saadöksille ja moraalinvartijoille.

Esimerkiksi se, että määritellään mitä saa sanoa ja miten saa sanoa, niin sehän on meille just aihe.

Kaikkein naurettavinta on, että kielletään jonkun sanan käyttäminen. Silloinhan me just sitä käytetään.

Onko numerossasi, joku sellainen aihe, jota käsitellessäsi vapaudut jostain henkisestä taakasta tai traumasta?

No, on mulla ainakin vapaus raivota asioita, jotka mua ärsyttää. Ja sitten mulla on täysi vastuu ja vapaus päättää asioista mitä mä teen siellä lavalla. Mä nautin häpeilemättä siitä, että mä saan juttuni toimimaan. Eikä siinä tarvita ketään avittamassa tai määräilemässä. On tässä semmoista uudisraivaajahenkeä. Voi samalla tutkia itseään, että mitä kaikkea pystyy tekemään.

Kerro siitä, miten numerosi syntyvät.

Lähtökohtana on havainnot, jotka jäävät vaivaamaan. Havaintojen pitää aiheuttaa minussa joku tunnetila. Aika usein ne ärsyttää. Ne jää päähän pyörimään ja sitten mä alan niitä myös pyöritellä.

Ranskalaisia viivoja mä vetelen sitten paperille ja yritän saada muistiin sen ajatuksen, joka mulle syntyi.

Lopullinen sanallinen muoto tulee vasta esitystilanteessa. Lavalle mennessä mulla on päässä vain lähestymiskulma.

Mä en osaa enkä myöskään halua kirjoittaa valmiiksi mun juttujani. Jos mä yritän käyttää litteroitua materiaalia, niin multa katoaa rytmi ja läsnäolo. Muutaman keikan jälkeen juttu saa muotonsa ja sitten se taas hakee vähän muotoa ja saattaa tippua poiskin. Kaikki on vaan mun päässäni ja sitten nauhoilla.

Siinä on omat varjopuolensa. 14½ -vuotiskiertueen matsku on hävinnyt ranskalaisia viivoja myöten. Onneksi mä muistan siitä suurimman osan.

Mun jutut kirjoittaa itse itsensä lavalla. Sillä tavalla mulle jää tilaa improvisoinnille.

Mun mielestä sä improvisoit ehkä eniten suomalaisista koomikoista. Kerro siitä.

Totta. Mä improvisoin paljon. Joskus keikasta saattaa olla 90 %:a improa. Monta kertaa on käynyt niin, että huomaa, että kun palaa rutiiniinsa niin energiataso laskee. Silloin sitä tekee päätöksen, että mennään sitten improlla loppuun saakka.

Joskus yleisö on jo etukäteen määritellyt tapansa osallistua esitykseen. Joskus ne ovat tulleet kuuntelemaan sun taidettasi. Jotkut ajattelee, että tämä on teatteriesitys, jossa näyttelijä vain puhuu lavalla. Siiloin on pitäydyttävä rutiinissa.

Mulla on sellainen ohjenuora, että lavalle kun menee, niin se paikka on ensimmäinen asia minkä aistii, tunnelma ja ihmiset.

Tanskassa meillä oli sellainen harjoitus, että ihminen avaa silmät aamulla ja on tuntemattomassa paikassa ja alkaa sitten reagoimaan asia kerrallaan ympäristöönsä. Sitä pystyy reagoimaan lukemattomiin asioihin muutamassa sekunnissa. Sellaista fiilistä mä yritän pitää yllä lavalla.

Eiks improvisoitu tapa esiintyä ole aika raskas?

On. Joskus se on äärettömän raskasta, mutta mitä siitä? Mä aina nollaan pääni ennen lavalle menoa. Ja joskus se ei olekaan niin helppoa.

Teatterissa kun näyttelin viisi vuotta, niin huomasin, että välillä se meni vähän liukuhihnamaiseksi. Tässä on vastuussa itse joka hetki ja joka kerta. Joskus se on fyysisesti ja henkisesti raskasta. Mutta sen hinnan on valmis maksamaan.

Kun me aikaisemmin puhuttiin siitä emansipaatiosta, niin tää just on mun emansipaatiotani. Se vallan tunne lavalla on mahtavaa. Saa olla itse oma kinginsä.

LOPUKSI

Tämä kirja on syntynyt AVEK:n ja Tietokirjallisuuskeskuksen taloudellisella tuella, siitä kiitos!

Kiitos Ilari Johanssonille, hyvälle ystävälleni ja kolleegalleni, avartavasta haastattelusta.

Kiitos myös Jusse Inkille siitä, että saan käyttää tuntejamme kirjan materiaalina.

Teos julkaistaan omakustanteena koska kustannustalot eivät sitä halunneet lukuisista yhteydenotoista huolimatta tehdä.

Kirja ei pyri olemaan alan kattava esittely. Tarkoitus on nöyrästi kertoa siitä kehittely- ja tutkimustyöstä, jolla itse olen aihetta lähestynyt.

En ole koskaan ollut stand upin megaluokan tähti. Näiden tähtien muistelmat tulevat olemaan varmasti paljon mielenkiintoisempia.

En kuitenkaan aivan allekirjoita erään kustantajan määritelmää, että olisin luuseri ja puskista huutelija, joka on aina halunnut olla megatähti, mutta ei ole siihen kyennyt ja nyt katkeruuttaan on närkkimässä menestyjiä.

Se, että stand upin sisältö on muuttunut heppoiseksi tai kokonaan kadonnut liian suureksi paisuneen kaupallisuuden ja "mitä väliä sisällöllä on kunhan yleisöä riittää" -asenteen takia, ei ole ainakaan minun vastuullani.

Toivon kaikille standuppaajille menestystä, rahaa ja vaikutusvaltaa!

Olkoon sana vapaa!

Jäljittelemätön Jusse

TEATTERISSA

Sehän on Jusse!
Ensi-ilta Forssan Teatterin Pikku-Spotissa 9.2. Jäljellä oleva näytökset: la 11.2., ke 15.2. ja la 18.2. klo 19.

Sehän on Jusse! Mutta millainen Jusse? Yksinkertaisesti: ihan omanlaisensa, jäljittelemätön, kerrassaan vailla vertaa. Tuo monologiin uuden ulottuvuuden. Tekee siitä oman taiteenlajinsa, jotain ennen kokematonta. Ja mahdotonta jäljiteltäväksi, varsinkaan uskottavasti.

Jotain sellaista, kuin vaikkapa Chaplin teki aikanaan elokuvan ja Warhol kuvataiteen parissa. Tai M.A. Numminen meillä Suomessa omalla vaikuttajan sarallaan. Niin, ja Lapinlahden linnut omasta ilmiöstään, jonka kätilönä Sehän on Jusse! -produktioonkin valvan leimansa ohjaajana painava Markku Toikkakin vaikutti.

JUSSE PETTERI INKI kuljettaa omassa käsikirjoituksessa omaa Sehän on Jusse!:aan kosmisista ja Nepalin lamoja, vaan ei laamoja myöten korkeista sfääreistä alkaen aina oikeassa elämässään kohtaamiinsa maanlähteisiin henkilöhahmoihin. Forssan seudulla pitempään asuneet saavat näytöksessä jäljittelemätöntä ja huumorinsävytteistä teatterimaustetta hahmojen tunnistettavuudesta.

Käsikirjoitukseltaan Sehän on Jusse! leiskuu verbaalina ilotulituksena, mutta itsetarkoituksellisuuden makua jättämättä ja sytykkeiden riittäessä tyhjän päälle jäämättä. Ilmiö vain kuuluu tässä tapauksessa pakettiin luontevana piirteenä.

PIKKUSPOTTI TARJOAA Jussen käänteestä toiseen sujuvasti etenevälle seikkailulle mitä oivallisimman ympäristön. Jusse Petteri Inki vakuuttaa esitykseen onnistuneesti myös musiikin ja muun äänimaailman luojana. Valot myötäilevät, ikään kuin hienotunteisesti esitystä ja lavastus puhuttelee varsinkin alkupuoliskon yksinkertaisuudellaan.

Kannattaisiko Forssan Teatterin järjestää vielleen, ja miksei muillekin näyttämötaiteesta aktiivitoimijoina kiinnostuneille, Sehän on Jusse!-monologista ylimääräinen näytös? Tarjolla olisi havainto-opetusta siitä, mihin estradilla tulisi läänenkäytössä ja miksei kehon kielellä operoimisessa samoin kuin rooliinsa heittäytymisessäkin pyrkiä?

ERKKI KURONEN